Perspectivas

A1 Sprachführer
Spanisch

¡Ya!

Cornelsen

Hinweise

Sprachführer

Im Sprachführer finden Sie die Vokabeln aller Einheiten mit den deutschen Übersetzungen in der Reihenfolge ihres ersten Auftretens aufgelistet. Die links stehenden Zahlen geben an, wo die einzelnen Wörter und Wendungen das erste Mal vorkommen.

Nach den Wortschatzeinträgen gibt es eine Zusammenfassung der wichtigsten Redemittel. Diese sind mit dem Symbol ◁ gekennzeichnet. Am Ende einer Einheit sind zudem nach Bedarf praktische Tipps und Zusatzinformationen über Land und Leute zu finden.

Die Einträge der zwei *opciones* sind fakultativ, d. h. sie werden nicht zum Lernwortschatz gezählt.

Der Wortschatz aus den Hörtexten ist durch einen Rahmen markiert.

Abkürzungen und Symbole

S. = Seite
f. = feminin
m. = maskulin
Pl. = Plural
Inf. = Infinitiv
Adj. = Adjektiv
Adv. = Adverb
Konj. = Konjunktion
lat.am. = lateinamerikanisch
etw. = etwas
* = Verb mit Besonderheiten in der Konjugation

◁ = wichtigste Redemittel

i = landeskundliche Informationen

¡Hola a todos!

UNIDAD 1

S. 8

	¡Bienvenidos! *m. pl. von ¡bienvenido/-a!*	Herzlich willkommen!
	¡Buenos días!	Guten Morgen!, Guten Tag!
	bueno/-a	gut
el	día	Tag
	soy *Inf. ser*	ich bin
	de	aus, von
	y	und
	¡Hola!	Hallo!
	¿Qué tal?	Wie geht's?

S. 9

	¡Buenas tardes!	Guten Tag!, Guten Abend!
la	tarde	Nachmittag, früher Abend
	me llamo *Inf. llamarse*	ich heiße
(la)	España	Spanien
	¡Buenas noches!	Guten Abend!, Gute Nacht!
la	noche	Nacht
	también	auch
(la)	Alemania	Deutschland
	todos/-as *alleinstehend*	alle

S. 11

(la)	Argentina	Argentinien
(la)	Colombia	Kolumbien

1B

el/la	actor/actriz *Pl. actores/actrices*	Schauspieler/in
el	cine	Kino
	trabaja *Inf. trabajar*	er/sie/es arbeitet, Sie arbeiten
	mucho/-a	viel
	con	mit
	tiene *Inf. tener*	er/sie/es hat, Sie haben
	por	für, pro
la	película	Film
el	libro	Buch
	mundo: en todo el mundo	Welt: auf der ganzen Welt

¡Hola a todos!

	en	in, auf
	todo/-a	alles, ganz, jeder
la	escultura	Skulptur
	muy	sehr
	grande	groß
	gordo/-a	dick
	famoso/-a	berühmt
la	profesión	Beruf
el	fútbol	Fußball
el/la	cantante	Sänger/in
	canta *Inf. cantar*	er/sie/es singt, Sie singen
	español/a	spanisch
	inglés/-esa	englisch
	¿Quién ...?	Wer ...?
	¿De dónde ...?	Woher ...?

S. 12

	¿Cómo ...?	Wie ...?
4A la	fiesta	Feier, Party
el	cumpleaños *Pl. cumpleaños*	Geburtstag
	no	nein, nicht
	sí	ja
	¿verdad?	nicht wahr?
	¿qué ...?	was ...?, vor Substantiv: welche/r/s ...?, was für ein ...?
la	ciudad	Stadt
la	capital	Hauptstadt
el/la	amigo/-a	Freund/in
(la)	Hispanoamérica	Hispanoamerika
la	cultura	Kultur
4B	¡Mira!	Schau mal!
	mirar	sehen, ansehen
(la)	Latinoamérica	Lateinamerika
6	descubrir a/c	etw. entdecken
7	te toca a ti	du bist dran

¡Hola a todos!

S. 13

8A
el	aeropuerto	Flughafen
el/la	señor/-a (Sr./Sra.)	Herr/Frau
	Mucho gusto.	Sehr erfreut!
	igualmente	gleichermaßen, ebenfalls
(la)	Austria	Österreich
(la)	Suiza	Schweiz
	a	nach, zu
	gracias	danke

8B
	correcto/-a	richtig
	falso/-a	falsch

9
el	país	Land

10
el	nombre	Name
el	apellido	Nachname

11
el/la	cliente *(auch la clienta)*	Kunde/Kundin
	importante	wichtig

S. 14

13
el	vino	Wein

14
la	guitarra	Gitarre
el/la	colega	Kollege/Kollegin
el	agua *f*	Wasser
(la)	Turquía	Türkei
la	música	Musik
la	cruz	Kreuz
el	centro	Zentrum
(la)	América	Amerika
la	playa	Strand

S. 15

15
	¡Feliz cumpleaños!	Herzlichen Glückwunsch zum Geburtstag!
	feliz	glücklich
el	cava	span. Sekt
	o	oder
el/la	chico/-a	Junge/Mädchen

¡Hola a todos!

		el/la argentino/-a	Argentinier/in
		¿no?	nicht wahr?
		pero	aber
16	el	teléfono	Telefon
	el	árbol	Baum
		aprender a/c	etw. (er)lernen
		mejor	besser
18	el	número	Nummer, Zahl

S. 16

		cultural	kulturell
		hispano/-a	spanisch, hispanisch
20	la	salsa	Soße, hier: Salsa
	el	asado	Braten
		argentino/-a	argentinisch
	la	isla	Insel
	el	mercado	Markt
		indígena	einheimisch, eingeboren
21	la	comida	Essen, Mittagessen
		exquisito/-a	ausgezeichnet, hier: köstlich
	el	monumento	Denkmal
	la	civilización	Zivilisation, Kultur
	la	naturaleza	Natur

S. 17

el	ejercicio	Übung

S. 20

el	repaso	Wiederholung

¡Hola a todos!

UNIDAD 1: ¡Hola a todos!

▶ Sich begrüßen

¡Hola! ¿Qué tal?	Hallo. Wie geht´s?
¿Qué tal todos?	Wie geht´s euch allen?
¡Buenos días!	Guten Morgen.
¡Buenas tardes!	Guten Tag.
¡Buenas noches!	Guten Abend.
Tú eres Cristina, ¿verdad?	Du bist Cristina, oder?

▶ Sich vorstellen

¿Quién es Cristina?	Wer ist Cristina?
¿Cómo te llamas?	Wie heißt du?
Me llamo Elena.	Ich heiße Elena.
Mucho gusto, Elena.	Angenehm, Elena.
Bienvenidos a Madrid.	Willkommen in Madrid.
¿Cómo se llama?	Wie heißen Sie?
¿De dónde es usted?	Woher kommen Sie?
Soy de Bilbao. ¿Y usted?	Ich komme aus Bilbao. Und Sie?

i INFO

Spanisch als Weltsprache

Der spanische Sprachraum ist riesig: Gemäß einer Studie des *Instituto Cervantes* aus dem Jahr 2010 ist Spanisch mit weit über 400 Millionen Sprechern eine der am meisten gesprochenen Muttersprachen weltweit sowie eine der wichtigsten in der internationalen Kommunikation. Die Tendenz ist aufgrund der demographischen Entwicklung in den lateinamerikanischen Ländern, in denen die Geburtenrate zunimmt, steigend, während sie in den englischsprachigen Ländern und China sinkt.

Heute sind alle Länder Südamerikas außer Brasilien „hispanohablantes", außerdem alle Länder Mittelamerikas sowie die karibischen Staaten Kuba und die Dominikanische Republik. Auf dem afrikanischen Kontinent ist die ehemals spanische Kolonie Äquatorialguinea auch heute noch spanischsprachig.

¡Hola a todos!

Eine besondere Situation lässt sich in den USA beobachten, wo Spanisch zwar nur im Außengebiet Puerto Rico als offizielle Sprache gilt, aber insbesondere in den Bundesstaaten Kalifornien, Texas, New York, Arizona und New Mexico von ca. 17 Millionen Menschen zu Hause gesprochen wird.

De tapas

UNIDAD 2

21

	de tapas	auf Tapastour
la	tapa	Deckel, Tapa
	bien	gut
	estar*	sein
	así así	so lala
	así	so, auf diese Weise
la	gente	Leute
	es que	denn, weil
	aquí	hier
	ser verdad	stimmen
la	verdad	Wahrheit
	pues	nun, also
	toma *Inf. tomar*	er/sie/es nimmt, Sie nehmen
la	caña	kleines Glas Fassbier
	entiendo *Inf. entender*	ich verstehe
	hay *Inf. haber*	es gibt
	bastante	ziemlich
	regular	normal, mittelmäßig, hier: es geht so
	mal	schlecht

22

	¡Hombre!	Ey!, Mensch!
la	sorpresa	Überraschung
	como *Adv.*	wie
	siempre	immer
	este/esta	diese/r/s (hier)
el	hombre	Mann, Mensch
la	mujer	Frau
	esto	das, dies (hier)
el	chorizo	Chorizo (span. Paprikawurst)
la	tortilla	Tortilla (span. Omelett)
la	croqueta	Krokette
el	jamón	Schinken
el	pulpo	Krake, Oktopus

De tapas

	la	empanadilla	Empanadilla (gefüllte Teigpastete)
	el	calamar	Tintenfisch
	la	aceituna	Olive
	la	gamba	Garnele, Krabbe
	el	mejillón	Miesmuschel
		significa *Inf. significar*	er/sie/es bedeutet

S. 23

7

		oiga *Imperativ v. oír*	Hören Sie!, Hallo!
		por favor	bitte
	el/la	camarero/-a	Kellner/in
	el	vino blanco	Weißwein
		blanco/-a	weiß
	el	tinto	Rotwein
		¿Y de tapa?	Was darf es von den Tapas sein?
	el	pincho	Appetithappen
		sé *Inf. saber*	ich weiß, kann
		para	für, nach

	el	vino tinto	Rotwein
	el	café	Kaffee
	el	zumo	Saft
	la	cerveza	Bier
8	la	ración	Portion
10	el	boquerón	eine Art Sardelle

S. 24

12A

		pagar (a/c)	(etw.) bezahlen, zahlen
		hoy	heute
		llegamos *Inf. llegar*	wir kommen, wir kommen an
		tarde	spät
		comer	essen
		ahora	jetzt
		la próxima vez	nächstes Mal
		próximo/-a	nächste/r/s
	la	vez	Mal
		vale	einverstanden, ok
		¿Cuánto es?	Was macht das?

De tapas

	¿Cuánto/-a ...?	wie viel ...?
	¡Hasta luego!	Bis später!
	¡adiós!	Tschüss!, Auf Wiedersehen!
	oye *Imperativ v. oír*	Hör mal
	algo	etwas
	después de	nach, hinter
	solo *Adv.*	nur
el	aperitivo	Aperitif, Appetithappen
	último/-a	letzte/r/s
la	ronda	Runde
la	Plaza	Hauptplatz
	necesito *Inf. necesitar*	ich benötige, brauche
	beber	trinken
la	cafetería	Café
el	cortado	Espresso mit etwas Milch
el	café con leche	Milchkaffee
la	leche	Milch

	¡Hasta mañana!	Bis morgen!
	hasta	bis
	¡Hasta la próxima!	Bis zum nächsten Mal!
	chao (chau)	Tschüss!
	¿Qué van a tomar?	Was werden Sie nehmen?

el	origen *Pl. orígenes*	Ursprung
	tapar	zudecken
la	hora	Stunde, Zeit, Uhrzeit
la	propina	Trinkgeld
la	barra	Stange, Theke
la	mesa	Tisch
	caliente	heiß
	frío/-a	kalt
el	minidiccionario	Miniwörterbuch

Unidad 2

S. 28

E6 invitar einladen

UNIDAD 2: De tapas

▶ Nach dem Befinden fragen

¿Cómo estás?	Wie geht's?
¿Qué tal estáis?	Wie geht es euch?
Bien, bien, gracias.	Gut, gut, danke.
Así, así.	Es geht so.
Bastante bien.	Ganz gut.

▶ In der Tapas-Bar

¿Qué tomamos?	Was nehmen wir?
Oiga, por favor ...	Hören Sie, bitte ...
¿Qué van a tomar?	Was nehmen Sie?
Un vino blanco, por favor.	Einen Weißwein, bitte.
¿El vino blanco?	Der Weißwein?
Para mí, gracias.	Für mich, danke.
¿Pagamos ya?	Zahlen wir jetzt?
Sí, hoy pago yo. La próxima vez pagas tú, ¿vale?	Ja, heute zahle ich. Das nächste Mal zahlst du, einverstanden?
¿Cuánto es, por favor?	Wie viel macht das bitte?

▶ Sich verabschieden

¡Adiós!	Auf Wiedersehen!
¡Hasta mañana!	Bis morgen!
¡Hasta la próxima!	Bis zum nächsten Mal!
¡Chau!	Tschau!

De tapas

INFO

Vamos de tapas, vamos a comer ...

Tapas sind Teil der spanischen Lebensart: Zu einer *caña* (kleines Bier) und einem *vino tinto / blanco* (Rot- oder Weißwein) isst man gerne eine Kleinigkeit. Meistens sucht man sich diese Tapas selbst aus und bezahlt dafür einen kleinen Betrag. Je nach Region oder Bar bekommt man sie umsonst zum Getränk dazu, kann sie sich dann allerdings nicht aussuchen. Alle bekommen die gleiche erste, zweite, dritte Tapa, abhängig davon, wie viel man trinkt. Tapas können aus allem bestehen, was die spanische Küche hergibt: Fisch, Fleisch, Meeresfrüchte, Kartoffeln und Gemüse, abhängig von den Spezialitäten einer Region. Als kulinarische Highlights gelten z. B. die baskischen *pinchos*, kunstvoll aufgestapelte kleine Brötchen, deren üppiger Belag von einem Holzstäbchen *(pincho)* zusammengehalten wird. Für diese kreativen Kreationen stellen viele Bars eigens einen Koch an und es gibt sie in speziellen Lokalen auch außerhalb des Baskenlands.

Da man in Spanien spät zu Mittag (nicht vor 13:30 Uhr) und zu Abend isst (gegen 21:00 Uhr), überbrückt man die Zeit davor gerne mit ein paar Tapas. Es ist aber durchaus möglich, das Essen durch einen ausgedehnten *tapeo* zu ersetzen. Dabei bestellt man in einer Gruppe oft *raciones*, die größere Version der Tapas, und teilt diese im Verlauf des Abends brüderlich.

Profesiones — UNIDAD 3

S. 31

1A
el/la cocinero/-a	Koch/Köchin
el/la escritor/a	Schriftsteller/in
el/la arquitecto/-a	Architekt/in

1B
el puente	Brücke
la novela	Roman
el/la intérprete	Dolmetscher/in
el/la conquistador/a	Eroberer/Eroberin
la canción	Lied
cotidiano/-a	alltäglich, täglich
el ama de casa *f*	Hausfrau
el/la taxista	Taxifahrer/in
el/la vendedor/a	Verkäufer/in
el/la mécanico/-a	Mechaniker/in
el/la desempleado/-a	Arbeitsloser/-e
la receta	Rezept
la estrella	Stern

S. 32

2A
más	mehr
el/la empleado/-a	Angestellter/-e
el/la periodista	Journalist/in
el/la médico/-a	Arzt/Ärztin

2B
el/la profesor/a	Lehrer/in, Dozent/in
el/la representante	Vertreter/in
el/la estudiante	Student/in
el/la dentista	Zahnarzt/-ärztin
el/la deportista	Sportler/in

S. 33

3A
la cita	Verabredung, Termin
el/la enfermero/-a	Krankenpfleger/-schwester
esperar	warten, hoffen
el momento	Moment
por supuesto	selbstverständlich
el/la secretario/-a	Sekretär/in

Profesiones

	el taller	Werkstatt
	la oficina	Büro
	don/doña + *Vornamen*	respektvolle Anrede
	el/la compañero/-a	Kollege/-in
	mismo/-a	gleiche/r/s
	la empresa	Firma
	la fábrica	Fabrik
	el/la traductor/a	Übersetzer/in
	el español	Spanisch
	la escuela de idiomas	Sprachenschule
	la escuela	Schule
	el idioma	Sprache
4	el lugar de trabajo	Arbeitsstätte
	el lugar	Ort, Stelle
	el trabajo	Arbeit
5	la farmacia	Apotheke
	la clínica	Klinik
	la tienda	Laden, Geschäft
	en casa	zu Hause
	la casa	Haus
	el/la abogado/-a	Rechtsanwalt/-anwältin
	¿Dónde ...?	Wo ...?
	¿Cómo se dice ... en español?	Wie sagt man ... auf Spanisch?
	el/la peluquero/-a	Friseur/in
	claro	klar, natürlich
	la peluquería	Friseur(salon)

S. 34

	vivir (en)	leben, wohnen (in)
6	el plató de cine	Filmset
	el estadio de fútbol	Fußballstadion
	la ópera	Oper
	el/la futbolista	Fußballer/in
	el/la pintor/a	Maler/in
7A	(la) Italia	Italien
	cerca (de ...)	in der Nähe (von ...)
	escribir (a/c)	(etw.) schreiben

Profesiones

el	periódico	Zeitung
(la)	Francia	Frankreich
el	francés	Französisch
la	universidad	Universität
(la)	Polonia	Polen
8	el/la rey/reina	König/in

S. 35

13	la calle	Straße
	el hospital	Krankenhaus
	general	allgemein
	el móvil	Handy
14	el tiempo	Zeit, Wetter
	el/la panadero/-a	Bäcker/in
	la panadería	Bäckerei
	estudiar	lernen, studieren
	el inglés	Englisch
	la clase	Klasse, Unterricht
	por las noches	abends, nachts

S. 36

el	personaje	Persönlichkeit
la	nacionalidad	Nationalität
la	fecha	Datum
el	nacimiento	Geburt
(el)	octubre	Oktober
el/la juez/a		Richter/in
	contra	gegen
el	narcotráfico	Drogenhandel
(el)	marzo	März
el/la escalador/a		Bergsteiger/-in
	viajar (a)	reisen (nach)
la	montaña	Berg
	alto/-a	hoch, groß
la	entrevista	Interview
la	revista	Zeitschrift
el/la niño/-a		Kind, kleiner Junge/kleines Mädchen

Profesiones

(el) febrero	Februar
el/la presentador/a	Moderator/in
el/la político/-a	Politiker/in
latinoamericano/-a	lateinamerikanisch
diferente	verschieden, unterschiedlich

UNIDAD 3: Profesiones

▶ Einen Termin wahrnehmen

Soy Felipe Rojas y tengo cita con la médica.	Ich bin Felipe Rojas und habe einen Termin mit der Ärztin.
¿Espera un momento, por favor?	Warten Sie bitte einen Moment?
Por supuesto.	Selbstverständlich.

▶ Nach dem Beruf fragen

¿En qué trabajas?	Was machst du beruflich?
¿En qué trabaja usted?	Was machen Sie beruflich?
Y tú, ¿qué haces?	Und was machst du?
Soy médica.	Ich bin Ärztin.
Soy enfermero, pero ahora no tengo trabajo.	Ich bin Krankenpfleger, aber im Moment habe ich keine Arbeit.
¿Dónde trabajas?	Wo arbeitest du?

▶ Wohnort und Adresse angeben

¿Dónde vive usted?	Wo leben Sie?
Vivo en Zaragoza.	Ich lebe in Zaragoza.
¿Vives en Barcelona?	Lebst du in Barcelona?
No, vivo en Madrid, pero soy de Barcelona.	Nein, ich lebe in Madrid, aber ich komme aus Barcelona.
¿En qué calle vives?	In welcher Straße wohnst du?
En la calle Galeras, número 38.	In der Straße *Galeras*, Nummer 38.
¿Tienes teléfono?	Hast du Telefon?
Sí, tengo móvil.	Ja, ich habe ein Handy.
¿Y tú? ¿Qué número tienes?	Und was ist deine Nummer?

Profesiones

INFO

Arbeiten in Spanien
Auf die Frage *¿En qué trabajas?* würden 70 % aller Beschäftigten in Spanien antworten, dass sie im Dienstleistungssektor arbeiten. Nur 15 % sind in den Bereichen Industrie und Energie tätig.
Jedes Jahr verlassen viele akademisch ausgebildete Spanier die Universitäten: Das Land liegt mit dem Prozentsatz seiner Universitätsabsolventen über dem europäischen Durchschnitt. Im Kontrast dazu steht eine vergleichsweise hohe Zahl von Schulabbrechern, die nicht den mittleren Schulabschluss erreichen. Es strömen also zum einen sehr gut ausgebildete und zum anderen wenig qualifizierte Arbeitnehmer auf einen Arbeitsmarkt, der in den letzten zwei Jahrzehnten großen Schwankungen ausgesetzt war. Sprach man von der Mitte der Neunziger Jahre bis 2008 von einem Wirtschaftsboom, der viele neue Arbeitsplätze schaffte, so begann danach eine Wirtschaftskrise, die hohe Arbeitslosenzahlen zur Folge hatte.
Die Bundesagentur für Arbeit sieht Arbeitsmöglichkeiten für Deutsche mit guten Sprachkenntnissen vor allem im Tourismusbereich. Eine fließende Beherrschung des Spanischen wird fast immer vorausgesetzt. Mittelfristig rechnet man mit guten Chancen für Ingenieure, Controller sowie Export- und Marketingfachleute. Viele deutsche Firmen haben Niederlassungen in Spanien, wie zum Beispiel das deutsch-spanische Unternehmen SEAT und die europäische Flugzeugfirma Airbus.

Opción 1

41

1B

	la	cocina	Küche
	la	fundación	Stiftung
		nuevo/-a	neu
	el	plato	Teller, Gericht
		conocido/-a	bekannt
	el/la	dueño/-a	Eigentümer/in
		asimismo	ebenfalls, auch
		enseñar (a hacer a/c)	lehren, beibringen (etw. zu tun)
		cocinar	kochen
		de manera fácil	auf einfache Art und Weise
		barato/-a	billig
		sano/-a	gesund
		rico/-a	reich, hier: köstlich, lecker

42

2A

	el	saludo	Gruß
	el	beso	Kuss
	el	abrazo	Umarmung
	la	mano	Hand
		saludar (a alg.)	(jdn.) grüßen, begrüßen
		entre	zwischen, unter

43

3A

		¡perdone! Inf. perdonar	Verzeihung!
		perdonar	entschuldigen, verzeihen
		incluso	sogar
	el	padre	Vater
		otro/-a	andere/r/s
	la	madre	Mutter
	la	palabra	Wort
		joven Pl. jóvenes	jung
		soltero/-a	ledig

3B

		generalmente	im Allgemeinen
		utilizar	benutzen, verwenden
		especialmente	besonders

Opción 1

	a veces	manchmal
	hablar (con/de)	sprechen (mit/über)
	si	wenn
	seguro/-a	sicher
	segundo/-a	zweite/r/s
	por ejemplo	zum Beispiel
el/la	hijo/-a	Sohn/Tochter
	cuando	wenn
	usar	benutzen, verwenden
	mayor	größer, älter
el	documento	Dokument
	oficial	offiziell

S. 44

	jugar* u → ue	spielen
4 la	bebida	Getränk
la	despedida	Abschied, Verabschiedung
5 el	lugar de residencia	Wohnort

S. 46

9 el	carril	Schiene
	rápido	schnell
	rodar*	rollen
la	rueda	Rad
el	ferrocarril	Eisenbahn

S. 47

11A la	culebra	Schlange
	se murió Inf. morirse	er/sie/es ist gestorben

Familia y amigos

UNIDAD 4

S. 49

(el)	mayo	Mai
	estar invitado/-a	eingeladen sein
el	beso	Kuss
	ya	schon
	tener ... años	... Jahre alt sein
el	año	Jahr
	¡felicidades!	Herzlichen Glückwunsch!
	a ver, ...	mal sehen, ...
	¡qué ...! + *Adj/Adv*	wie ...!
	desear	wünschen
el	mes	Monat
(el)	enero	Januar
(el)	abril	April
(el)	junio	Juni
(el)	julio	Juli
(el)	agosto	August
(el)	septiembre	September
(el)	noviembre	November
(el)	diciembre	Dezember

S. 50

	simpático/-a	sympathisch
	guapo/-a	hübsch
	lindo/-a	hübsch
	conocer* a/c / a alg. *-zc-*	etw./jdn. kennen, kennen lernen
	divertido/-a	lustig, witzig
	entonces	dann, also
	hablar (con/de)	sprechen (mit/über)
	ahí	da, dort
	perdonar	entschuldigen, verzeihen
el/la	hermano/-a	Bruder/Schwester
	allí	dort
el/la	novio/-a	fester Freund/feste Freundin
	inteligente	intelligent
	serio/-a	ernst, seriös

Familia y amigos

nada	nichts
el/la vecino/-a	Nachbar/in
el/la pesado/-a	Langweiler/in
aburrido/-a	langweilig
¡menos mal!	zum Glück!

5 tonto/-a — dumm
feo/-a — hässlich
interesante — interessant
antipático/-a — unsympathisch

S. 51

7 un poco (de) — ein wenig
8 el/la jefe/jefa — Chef/in

S. 52

9
el	saludo	Gruß
	desde	aus, von
el/la	hijo/-a	Sohn/Tochter
la	madre	Mutter
	pequeño/-a	klein
	¡qué va!	überhaupt nicht!
los	padres	Eltern
	joven Pl. jóvenes	jung
el/la	americano/-a	Amerikaner/in
el	perro	Hund
	chatear	chatten
el/la	latino/-a	Lateinamerikaner/in
	abierto/-a	offen, geöffnet
	formal	formell, förmlich
	tímido/-a	schüchtern, zurückhaltend
	sincero/-a	aufrichtig, ehrlich
	espontáneo/-a	spontan
	a veces	manchmal
	impaciente	ungeduldig
la	foto	Foto
	solo/-a	allein

Familia y amigos

S. 53

11
| | el | marido | Ehemann |
| | el | padre | Vater |
13 | la | persona | Person |
		viejo/-a	alt
		casado/-a	verheiratet
		exigente	anspruchsvoll
		pesado/-a	schwer, hier: langweilig, lästig
		malo/-a	schlecht, krank
14 | | atractivo/-a | attraktiv |

S. 54

	el	Inty Raymi	Inty Raymi (Fest der Inka)
	la	despedida de soltero/-a	Junggesellenabschied
	la	despedida	Abschied, Verabschiedung
	el/la	soltero/-a	Junggeselle/-in
	el	jueves *Pl. jueves*	Donnerstag
	el	pueblo	Dorf
	la	lista	Liste
	el	regalo	Geschenk
	(la)	Semana Santa	Karwoche
	la	semana	Woche
	la	procesión	Prozession
	la	independencia	Unabhängigkeit

15
		ese/esa	diese/r/s (da)
		celebrar	feiern
		como *Konj.*	da, weil
	el	santo	Heiliger, hier: Namenstag
		popular	beliebt, populär, hier: volkstümlich
	la	celebración	Feier
		antes de	vor
	la	boda	Hochzeit
	la	libertad	Freiheit
	la	forma	Form
	la	cena	Abendessen
	el	disfraz *Pl. disfraces*	Verkleidung

Familia y amigos

	religioso/-a	religiös
	recordar* a/c o → ue	sich an etw. erinnern
la	muerte	Tod
	nacional	national
	familiar	Familien-, familiär
	entre	zwischen, unter
E3A la	jirafa	Giraffe

S. 55
E4   paciente   geduldig

S. 56
E5   los deberes   Hausaufgaben

S. 58
la edad   Alter
amable   freundlich

UNIDAD 4: Familia y amigos

▶ **Zum Geburtstag gratulieren**

¡Feliz cumpleaños!	Herzlichen Glückwunsch zum Geburtstag!
¡Felicidades!	Glückwunsch!
Mira, esto es para ti.	Schau mal, das ist für dich.
¿Cuántos años tienes?	Wie alt bist du?
Tengo 40 años.	Ich bin 40 Jahre alt.
¿Y cuándo es tu cumpleaños?	Und wann ist dein Geburtstag?

▶ **Über Aussehen und Charakter sprechen**

¡Qué guapo!	Wie attraktiv!
¡Qué simpática!	Wie nett!
¿No conoces a Nuria?	Kennst du Nuria nicht?
¡Uf, cómo habla!	Oh, wie er redet!
¿Cómo es su compañero de trabajo?	Wie ist Ihr Arbeitskollege so?
Es un poco serio.	Er ist ein bisschen ernst.
La gente es muy abierta.	Die Leute sind sehr offen.

Familia y amigos

i INFO

Días de fiesta en España

Neben der Karwoche *(Semana Santa)* und der Weihnachtszeit *(Navidad)* gibt es in Spanien fünf wichtige Feiertage, die die Berufstätigen für einen Kurzurlaub nutzen und damit Massenansammlungen auf Autobahnen, Bahnhöfen und Flughäfen auslösen.

Der erste Feiertag fällt mitten in die Sommerzeit und markiert für viele den Anfang bzw. das Ende ihrer Ferien: Mariä Himmelfahrt *(Asunción de María)* am 15. August, in Deutschland nur in Bayern ein Feiertag.

Der 12. Oktober bietet gleich in zweierlei Hinsicht Anlass zum Feiern: Am Nationalfeiertag *Día de la Hispanidad* zelebriert man die Verbundenheit der gesamtspanischen Welt. Auch in vielen lateinamerikanischen Ländern wird dieses Datum gefeiert. Dort ist es allerdings nicht unumstritten – erinnert man sich doch an den Tag, an dem Kolumbus erstmals in Amerika an Land ging und die Kolonialisierung ihren Anfang nahm. Am gleichen Tag feiert man in Spanien das kirchliche Hochfest der Nationalheiligen *Virgen del Pilar*. Zentrum der Feierlichkeiten ist alljährlich das nordspanische Zaragoza.

Nach Allerheiligen *(Todos los Santos)* am 1. November spielen sowohl der 6. als auch der 8. Dezember eine wichtige Rolle: Am 6. Dezember *(Día de la Constitución)* jährt sich die Verabschiedung einer neuen demokratischen Verfassung per Referendum im Jahr 1978. Der 8. Dezember ist wieder ein katholischer Feiertag: el *Día de la Inmaculada Concepción* (Unbefleckte Empfängnis Mariens). Abhängig von den Wochentagen dieser beiden Festlichkeiten ergibt sich für viele Spanier die Möglichkeit, *puente* zu machen, d. h. die Feiertage zu einer ganzen Ferienwoche auszudehnen.

¡Por fin, fin de semana! UNIDAD 5

S. 59

	por fin	endlich
el	fin de semana	Wochenende
el	fin	Ende
	hacer* a/c	etw. tun, machen
1	escuchar	hören, anhören
	descansar	sich ausruhen
el	mensaje	Meldung, hier: SMS
	hablar por teléfono	telefonieren
	cocinar	kochen
2	creer	glauben
la	sopa	Suppe
los	espaguetis	Spaghetti
el	ex novio	Exfreund
la	verdura	Gemüse
	bonito/-a	hübsch
(el)	cariño	Schatz, Liebling

S. 60

el	día a día	Alltag
3A	primero/-a	erste/r/s
el/la	invitado/-a	Gast
la	costa	Küste
el	banco	Bank
el	sábado	Samstag
	leer	lesen
	limpiar a/c	etw. sauber machen, putzen
	rápido *Adv.*	schnell
	hacer la compra	einkaufen
	casi	fast
	nunca	nie
	por la tarde	nachmittags, am Nachmittag
el	deporte	Sport
	por la noche	abends, am Abend
	salir*	ausgehen, hinausgehen
	muchas veces	oft

Unidad 5

¡Por fin, fin de semana!

	pasar	verbringen, passieren
el	domingo	Sonntag
	normalmente	normalerweise
	alquilar (a/c)	(etw.) mieten, ausleihen
	junto/-a	zusammen
el	e-mail	E-Mail
el/la	fotógrafo/-a	Fotograf
	trabajar por cuenta propia	selbstständig sein
el	estrés	Stress
la	excursión	Ausflug
el	campo	Land, Feld
	donde	wo

3B

S. 61

6

| el | grupo | Gruppe |

S. 62

7

	¿adónde?	wohin
	ir*	gehen, fahren
	¡basta!	genug!, es reicht!
la	casualidad	Zufall
el	lunes *Pl. lunes*	Montag
	lo siento	es tut mir leid
el	teatro	Theater
el	martes *Pl. martes*	Dienstag
	cenar	zu Abend essen
el	miércoles *Pl. miércoles*	Mittwoch
	ir de tiendas	einen Einkaufsbummel machen
	ir a casa de alg.	zu jdm. gehen
el	viernes *Pl. viernes*	Freitag

9

| el/la | psicólogo/-a | Psychologe/-in |
| | nuevo/-a | neu |

S. 63

10

el	colegio	Schule
	por la mañana	morgens, am Morgen
	desayunar	frühstücken

¡Por fin, fin de semana!

	sin	ohne
la	prisa	Eile
el	mediodía	Mittag
	preparar	vorbereiten
el	gimnasio	Turnhalle, Fitnessstudio
	navegar en Internet	im Internet surfen
el	jardín	Garten
la	suerte	Glück

S. 64

la	inmigración	Einwanderung
el/la	inmigrante	Einwanderer/-in
	italiano/-a	italienisch
	por eso	daher
la	parrilla	Grillrost, Grill
el	patio	Innenhof, Hinterhof
la	cosa	Sache, Ding
la	ensalada	Salat
el	postre	Nachtisch
	algunos/-as	einige, manche
	todavía	noch
	antiguo/-a	alt, antik
	tomar el sol	sich sonnen
el	lado	Seite
la	plaza	Platz
	lleno/-a	voll
	verde	grün
el	recipiente	Gefäß, Behälter
la	idea	Idee
	principal	hauptsächlich, Haupt-
	compartir a/c	etw. teilen
la	urbanización	Siedlung
	cerrado/-a	geschlossen
la	bicicleta	Fahrrad
	jugar* *u → ue*	spielen
	charlar	plaudern

¡Por fin, fin de semana!

15
¿por qué?	warum?
porque	weil
todo el mundo	alle
tranquilo/-a	ruhig

S. 65
E2
el/la nieto/-a	Enkel/-in
querer*	lieben, wollen

S. 67
E9
un fuerte abrazo *im Brief*	ganz liebe Grüße

UNIDAD 5: ¡Por fin, fin de semana!

▶ Wochenende

¿Qué haces los fines de semana?	Was machst du an den Wochenenden?
Por la noche salgo con mi novio.	Abends gehe ich mit meinem Freund aus.
Muchas veces paso el domingo con mi familia.	Oft verbringe ich den Sonntag mit meiner Familie.
Yo normalmente no hago nada.	Ich mache normalerweise nichts.
A veces veo la tele.	Manchmal sehe ich fern.
¡Uf! ¡Qué aburrido!	Uff – wie langweilig!
Yo muchas veces hago deporte.	Ich mache oft Sport.

▶ Verabredungen

¿Vamos al cine esta noche?	Gehen wir heute Abend ins Kino?
Lo siento, hoy voy al teatro.	Tut mir leid, heute gehe ich ins Theater.
¿Cenamos juntos?	Essen wir zusammen zu Abend?
Sí, claro.	Ja, gerne.

¡Por fin, fin de semana!

> **i** INFO

La República Argentina

Mit Argentinien verbinden viele Europäer eine faszinierende landschaftliche Vielfalt, aber auch die Lieder Mercedes Sosas und die Tangos Astor Piazzollas, die Literatur von Jorge Luis Borges und Julio Cortázar sowie die Comicfigur von Mafalda und nicht zuletzt die Tore Leo Messis.

1810 erlangt das Land seine Unabhängigkeit von den spanischen Kolonialherren. Im 20. Jahrhundert prägen diverse Militärputsche die Politik und mit der Einsetzung einer *Junta Militar* 1976 beginnt eine Phase schwerster Unterdrückung politischer Gegner, in deren Folge mehr als 15.000 Menschen entführt, gefoltert und ermordet werden. Seit 1983 wird der föderal organisierte Staat wieder demokratisch regiert.

Die argentinische Bevölkerung ist zu 90 % europäischer Herkunft – das Ergebnis der Kolonialisierung sowie einer massiven Einwanderungswelle im 19. und 20. Jahrhundert, vor allem aus Italien und Spanien. Touristen können bei einem ausgiebigen Besuch des achtgrößten Landes der Welt beeindruckende Kontraste erleben: Das urbane Flair der 12-Millionen-Metropole Buenos Aires kann Ausgangspunkt für eine Reise in ursprüngliche Natur und nur spärlich besiedelte Landstriche sein. Aber vielleicht lockt Sie zuerst das bekannteste Seebad des Landes *Mar del Plata* mit seinen insgesamt 20 Kilometer langen Stränden. In der äußersten Südspitze Argentiniens entdecken Sie Patagonien mit seinen faszinierenden Inlandgletschern, dem Nationalpark *Los Glaciares* sowie der Region um *San Carlos de Bariloche* in den Südanden. Ein Muss für viele Reisende sind die nördlich von Buenos Aires in der Provinz *Misiones* gelegenen schwindelerregenden Wasserfälle von *Iguazú*. Weitgehend unentdeckt ist dagegen der äußerste Nordwesten. In der Provinz *Jujuy* leben vor allem Nachfahren indigener Bevölkerungsgruppen. Die schöne Kolonialstadt *Salta* lädt mit ihrem warmen Klima zum Verweilen ein; von hier können Sie mit dem *tren a las nubes* bis auf 4.220 Meter Höhe gelangen. Und damit ist noch längst nicht alles über Argentinien gesagt…

Lugares del mundo

UNIDAD 6

S. 69

el	tráfico	Verkehr
	por ejemplo	zum Beispiel
	si	ob, wenn
	nadar	schwimmen
el	ambiente	Stimmung, Atmosphäre
la	avenida	Allee
el	coche	Auto

1B
la	envidia	Neid
	imaginarse a/c	sich etw. vorstellen
el	sol	Sonne
el	mar	Meer
	pasear (por ...)	spazieren gehen (in ...)
la	palmera	Palme
el	ron	Rum
	bailar	tanzen
el/la	mulato/-a	Mulatte/-in
	¿Qué pasa?	was ist los?
	de verdad	wirklich

la	broma	Witz, Scherz
	comentar	kommentieren

S. 70

3A
	querido/-a	liebe/r
el	millón	Million
el/la	habitante	Einwohner/in
la	atracción turística	Sehenswürdigkeit
	turístico/-a	touristisch
el	edificio	Gebäude
	vanguardista	avantgardistisch
el	sur	Süden
el	centro histórico	Altstadt
el	río	Fluss
	impresionante	eindrucksvoll
la	torre	Turm
la	época	Epoche

Lugares del mundo

	árabe	arabisch
	moderno/-a	modern
	e *vor i und hi*	und
	industrial	industriell, Industrie-
	¡Hasta pronto!	Bis bald!
el	barrio	Viertel
el	color	Farbe
	poco/-a	wenig
	estimado/-a	sehr geehrte/r
	atentamente *im Brief*	mit freundlichen Grüßen

S. 71

4

| la | contaminación | Verschmutzung |

S. 72

7A

	al este de	östlich von
el	este	Osten
	estar a … kilómetros de …	… Kilometer von … entfernt sein
	oficial	offiziell
	en el norte de	im Norden von
el	norte	Norden
	medio/-a	halb
la	fortificación	Befestigungsanlage
	activo/-a	aktiv
el	metro	U-Bahn
el	puerto	Hafen
	típico/-a	typisch

S. 73

9

	favorito/-a	Lieblings-
	histórico/-a	historisch
	lejos (de …)	weit weg (von …)
el	oeste	Westen

S. 74

| el | arte | Kunst |
| | protegido/-a | geschützt |

Unidad 6

Lugares del mundo

el	patrimonio de la humanidad	Weltkulturerbe
	además	außerdem
	de interés	interessant
la	Prehistoria	Vorgeschichte
la	cueva	Höhle
la	pintura	Gemälde, Malerei
el	animal	Tier
el	resto	Rest, Überrest
la	Antigüedad	Antike
	romano/-a	römisch
el	acueducto	Aquädukt
el	pueblo	Volk
	germánico/-a	germanisch
	existir	existieren, vorhanden sein
la	iglesia	Kirche
	visigodo/-a	westgotisch
la	joya	Juwel, Schmuckstück
la	arquitectura	Architektur
la	mezquita	Moschee
	románico/-a	romanisch
	gótico/-a	gotisch
el	Renacimiento	Renaissance
el	monasterio	Kloster
el	palacio	Palast
	real	königlich
	sagrado/-a	heilig
el	Modernismo	Jugendstil

. 75
E1

la	estatua	Statue
el	lago	See

. 76
E5

el	aceite	Öl
	neurótico/-a	neurotisch
la	euforia	Euphorie
la	deuda	Schuld

Lugares del mundo

E6	la	flor	Blume

S. 77

E9		visitar a/c	etw. besuchen, besichtigen
E10	el	kilómetro cuadrado	Quadratkilometer
E12B	la	enfermedad	Krankheit
	el	sueño	Traum

UNIDAD 6: Lugares del mundo

▶ **Orte**

¿Dónde está?	Wo steht sie?
Está en el centro histórico.	Sie steht im historischen Zentrum.
¿Qué hay en tu ciudad?	Was gibt es in deiner Stadt?
Hay muchos monumentos famosos.	Es gibt viele berühmte Sehenswürdigkeiten.
No hay muchas discotecas.	Es gibt nicht viele Diskotheken.
¿Cómo es tu ciudad?	Wie ist deine Stadt?
Es fantástica – y grande.	Sie ist fantastisch – und groß.
¿Cuántos habitantes tiene tu ciudad?	Wie viele Einwohner hat deine Stadt?

▶ **Wie, wer, wo**

¿Cómo estás?	Wie geht es dir?
Estoy muy bien, gracias. ¿Y tú?	Mir geht es sehr gut, danke. Und dir?
Estamos en el jardín.	Wir sind im Garten.

Lugares del mundo

INFO

Ciudades grandes

Lateinamerika ist ein Kontinent der Großstädte. Zwar erreichen nur Mexiko-Stadt und Buenos Aires sowie Sao Paulo und Rio de Janeiro im portugiesischsprachigen Brasilien mit je mehr als 10 Millionen Einwohnern die Kategorie einer „Megastadt", aber auch in vielen anderen Ländern gibt es eine starke Konzentration der Bevölkerung insbesondere in den Hauptstädten.

Ein föderal regiertes Land wie Argentinien versammelt ca. 35 % seiner Bewohner in Buenos Aires. Charakteristisch für diese Urbanisierung ist auch die Struktur so unterschiedlicher Länder wie Chile, Mexiko und Peru. Im Großraum Santiago de Chile leben 6 von 17 Millionen Chilenen, in Lima 8,5 von 30 Millionen Peruanern; Mexiko-Stadt beheimatet mit 20 Millionen um die 18 % seiner Gesamtbevölkerung.

Diese Ballungsräume sind die politischen, kulturellen und wirtschaftlichen Zentren ihrer Länder, üben für sie eine wichtige repräsentative Funktion aus und ziehen durch ihre vielfältigen Arbeitsmöglichkeiten Menschen aus anderen Regionen an. Einerseits blüht hier das öffentliche Leben, andererseits gibt es auch Hüttenviertel mit grassierender Armut und hoher Kriminalitätsrate. Selbst in einem vergleichsweise reichen Land wie Chile geht man davon aus, dass 30–40 % der Einwohner Santiagos in Armenvierteln leben. Dazu kommt die hohe Luftverschmutzung und unzureichende Müllentsorgung. Gleichzeitig gehen wichtige Impulse von hier aus, es existieren Weltkulturerbe und moderne Architektur auf engem Raum – die lateinamerikanischen Großstädte verkörpern die Gegensätze ihres Kontinents.

Opción 2

S. 80

la	lengua	Sprache
	vivo/-a	lebendig
2A más de	mehr als
	como Adv.	als
la	lengua materna	Muttersprache
	ocupar	einnehmen
el/la	hablante	Sprecher/in
	cuarto/-a	vierte/r/s
	más hablado/-a	meist gesprochen
el	chino	Chinesisch
el/la	hispanohablante	spanische(r) Muttersprachler/in
la	enseñanza media	Sekundarschule
el/la	alumno/-a	Schüler/in
	crecer* -zc-	wachsen, zunehmen
la	Costa de Marfil	Elfenbeinküste
(el)	Marruecos	Marokko
	atraer* a alg.	jdn. anziehen
el	valor	Wert
2B útil	nützlich
el	castellano	Spanisch
el/la	tío/-a	Onkel/Tante

S. 81

	me gusta	ich mag
el	negocio	Geschäft
	buscar a/c	etw. suchen
	más tarde	später
	algún día	irgendwann

S. 82

3

	fuera	draußen
la	frecuencia	Häufigkeit
la	postal	Postkarte
la	fiesta	hier: Feiertag

Opción 2

la	*salida*	*hier: Start*
lo	*contrario*	*Gegenteil*

S. 84

4A *la*   *Navidad*   *Weihnachten*

¡El hotel perfecto! UNIDAD 7

S. 85

	perfecto/-a	perfekt
el	lujo	Luxus
el	aire acondicionado	Klimaanlage
el	campo de golf	Golfplatz
la	casa rural	Landhaus
el	senderismo	Wandern
el	alquiler	Verleih
la	televisión (vía satélite)	(Satelliten)Fernsehen
la	piscina	Schwimmbad
la	guardería	Kindergarten, hier: Kinderbetreuung

2
el	alojamiento	Unterkunft
el	precio	Preis

S. 86

	preferir* *e → ie/i*	bevorzugen, vorziehen
	frente a	gegenüber, im Gegensatz zu
	céntrico/-a	zentral
la	línea	Linie
el	apartamento	Appartement, Ferienwohnung
	cada	jede/r/s
el	minuto	Minute
la	bici *bicicleta*	Fahrrad

3A
	caro/-a	teuer
	ruidoso/-a	laut
el	sitio	Ort, Platz
el	autobús	Bus

S. 87

4
la	habitación	Zimmer
la	(habitación) doble	Doppelzimmer
la	(habitación) individual	Einzelzimmer
la	sala de reuniones	Konferenzraum
	con vistas a	mit Blick auf
la	oferta	Angebot

¡El hotel perfecto!

	el/la pensionista	Rentner/in
	hacer senderismo	wandern gehen
el	alemán	Deutsch
	todo incluido	alles inklusive
	disfrutar de a/c	etw. genießen
las	vacaciones	Urlaub, Ferien
la	actividad	Aktivität, Beschäftigung
	deportivo/-a	sportlich, Sport-
la	cama	Bett
la	cocina	Küche
el	baño	Bad, Badezimmer
la	terraza	Terrasse
	confortable	bequem

88

6A

	libre	frei
	¡dígame! *am Telefon*	Hallo!
	quería …	ich möchte/hätte gern …
	reservar	reservieren, buchen
	poder*	können
	buscar a/c	etw. suchen
	para uso individual	zur Einzelnutzung
	de acuerdo	einverstanden
	repetir* *e → i*	wiederholen
la	pregunta	Frage
	en efectivo	bar
	aceptar	annehmen, akzeptieren
la	tarjeta de crédito	Kreditkarte
el	desayuno	Frühstück
	incluido	eingeschlossen, inklusive
los	datos	Angaben, Daten
la	entrada	Eingang, hier: Anreise
la	salida	Ausgang, hier: Abreise
el	régimen *Pl. regímenes*	hier: Verpflegung
el	total	Gesamtsumme
el	IVA	Mehrwertsteuer

6c

el	pago	Bezahlung

Unidad 7

¡El hotel perfecto!

S. 89

7A

los	documentos	hier: Ausweis, Papiere
	abrir (a/c)	(etw.) öffnen
el	piso	Stockwerk
	a la derecha (de)	rechts, auf der rechten Seite (von)
el	ascensor	Fahrstuhl
la	mañana	Vormittag
el	comedor	Esszimmer, Speisesaal
	enfrente (de a/c)	gegenüber (von etw.)
	ver*	sehen
	más grande	größer
	más + Adj./Adv.	gibt Steigerungsform an
	sentarse* e → ie	sich setzen
	duro/-a	hart
	entrar (en)	eintreten, hereinkommen, hineingehen (in)
	funcionar	funktionieren

7B

la	recepción	Rezeption, Empfang
el/la	recepcionista	Empfangschef/-dame
	subir	hinaufgehen
la	maleta	Koffer

8

	algún/-una	irgendein/e/r
la	queja	Beschwerde
	llamar	anrufen
la	ducha	Dusche
	preocuparse	sich Sorgen machen
	enseguida	sofort
	mandar	schicken
	¡vaya!	so was!
	ahora mismo	sofort
el/la	encargado/-a	Zuständige/r
	traer*	bringen
la	toalla	Handtuch
	raro/-a	seltsam
el	ruido	Lärm

¡El hotel perfecto!

9
	limpio/-a	sauber
	disculpar a/c	etw. entschuldigen, verzeihen

S. 90

el	campamento	Lager, Feriencamp
la	alternativa	Alternative
el	turismo de masas	Massentourismus
el	turismo ecológico	Ökotourismus
el/la	turista	Tourist/in
el	contacto	Kontakt, Verbindung
la	selva	Urwald
el	estado	Staat
	recibir	bekommen, erhalten, hier: empfangen
el/la	visitante	Besucher/in
la	cabaña	Hütte
	tradicional	traditionell
el	área para acampar *f*	Zeltplatz
la	artesanía	Kunsthandwerk
la	compañía	Gesellschaft, Begleitung
el	miembro	Mitglied
	explorar	erforschen, erkunden
la	cascada	Wasserfall
el	fuego	Feuer
	posible	möglich
	arqueológico/-a	archäologisch
el	servicio	Service, Dienstleistung
la	hamaca	Hängematte
	guiado/-a	geführt
la	observación	Beobachtung

S. 91
E2

	ocupado/-a	belegt, besetzt
la	pensión completa	Vollpension

S. 92
E6A

	atento/-a	aufmerksam

Unidad 7

¡El hotel perfecto!

S. 93

E7 disponible — verfügbar
E8B el huevo — Ei

UNIDAD 7: ¡El hotel perfecto!

▶ Über Unterkünfte sprechen

¿Qué es importante para ti de un alojamiento?	Was ist bei einer Unterkunft für dich wichtig?
Para mí es importante la piscina … ¿Y para ti?	Für mich ist das Schwimmbad wichtig. Und für dich?
¿Tú que prefieres, Jorge?	Was ist dir am liebsten, Jorge?
Yo prefiero un club o un hotel cerca de la playa.	Nein, mir ist ein Klub oder ein Hotel in der Nähe vom Strand lieber.
Yo quiero un sitio tranquilo.	Ich möchte einen ruhigen Ort.
¿Qué más queréis?	Was wollt ihr mehr?

▶ Ein Hotelzimmer buchen

Hola, buenas tardes. Quería hacer una reserva.	Hallo, guten Tag! Ich möchte eine Reservierung vornehmen.
Muy bien. ¿Para cuándo?	Sehr schön. Für wann?
Del 30 de mayo al 3 de junio.	Vom 30. Mai bis zum 3. Juni.
¿Hay habitaciones libres para esas fechas?	Gibt es freie Zimmer für diese Daten?
El importe es de 300 euros con desayuno incluido.	Das macht insgesamt 300 Euro mit Frühstück.

▶ Im Hotel

Hola, tenemos una reserva de dos habitaciones.	Hallo, wir haben zwei Zimmer reserviert.
¿A nombre de quién?	Auf welchen Namen?
Muy bien, ¿me dejan sus carnés, por favor?	Sehr gut. Kann ich bitte Ihre Ausweise sehen?

¡El hotel perfecto!

INFO

Übernachten in Spanien

Spanische Ausgehnächte können sich zwar bis in die frühen Morgenstunden ziehen, irgendwann möchten jedoch auch energiegeladene Touristen in ihre gemütliche Unterkunft zurück. Auf der Iberischen Halbinsel unterscheidet man dabei meist unter den folgenden Kategorien: *hotel (H), hostal (HS)* und *pensión (P)*.

In den Hotels erwartet Sie ein vergleichsweise hoher Standard. Niedrigere Preise, etwas weniger Komfort, dafür aber eine heimelige Atmosphäre bekommen Sie in einem *hostal* oder einer *pensión*. Frühstück gibt es hier nur in Ausnahmefällen, aber nahe gelegene *bares* sind eine günstige Alternative.

Bei den *apartoteles* handelt es sich um eine relativ neue Art der Unterkunft: Die Gäste bewohnen unterschiedlich große Apartments mit komplett ausgestatteter Küche, genießen aber gleichzeitig den Service eines Hotels. Wachsender Beliebtheit erfreut sich bei den Spaniern Urlaub in einem Ferienhaus auf dem Land. Diese *casas rurales* gibt es in allen Teilen Spaniens und in verschiedenen Preislagen, manchmal auch mit Swimmingpool oder Spa.

Luxusherbergen der besonderen Art sind die staatlich geführten *paradores*. Der erste wurde bereits 1928 eröffnet, heute gibt es insgesamt 93. Viele sind in historischen Gebäuden untergebracht, z.B. eines der ältesten Hotels der Welt: Der *parador* im galicischen Santiago de Compostela aus dem Jahr 1499. *Paradores* haben mit 4 oder 5 Sternen ihren Preis, es gibt allerdings viele Möglichkeiten für Rabatte. Genauere Informationen, Tarife und Buchungsmöglichkeiten finden Sie unter www.parador.es oder www.paradores.de.

En la ciudad — UNIDAD 8

S. 95

	ir en ... +Verkehrsmittel	mit ... fahren, fliegen
el	barco	Schiff
	unos/unas ... +Zahl	ungefähr
	agradable	angenehm
el	supermercado	Supermarkt
	tardar	(Zeit) brauchen, dauern
el	estudio	Studio, Atelier
	barato/-a	billig
	ecológico/-a	ökologisch, Umwelt-, hier: umweltfreundlich
	ir a pie	zu Fuß gehen
	para +Infinitiv	um ... zu ...
el	tren	Zug
	rápido/-a	schnell
	cómodo/-a	bequem

1
el	avión	Flugzeug
	¡claro que sí!	ja, natürlich! aber klar!

2B
la	moto	Motorrad

S. 96

3
el/la	viajero/-a	Passagier/in, Reisende/r, hier: Fahrgast
	tener que +Infinitiv	müssen
	cambiar de línea	umsteigen
	coger	nehmen, greifen
	comprar a/c	etw. kaufen
el	billete	Fahrkarte
el	billete de ida y vuelta	Hin- und Rückfahrkarte
el	(billete) sencillo	Einzelfahrschein
	costar* o→ue	kosten
la	ayuda	Hilfe
la	máquina	Maschine, hier: Automat
el	bono	hier: Mehrfahrtenkarte
el	viaje	Reise, hier: Fahrt
el	céntimo	Cent

En la ciudad

	pulsar	drücken
	meter	hineintun, hier: einwerfen
el	dinero	Geld
la	estación	Bahnhof
la	dirección	Richtung
	segundo/-a	zweite/r/s
	de nada	nichts zu danken
	¡perdón!	Entschuldigung!
	tercero/-a	dritte/r/s
el	auto *lat.am.*	Auto
el	carro *lat.am.*	Auto
la	guagua *lat.am.*	Bus
el	colectivo *lat.am.*	Bus
el	camión *lat.am.*	hier: Bus

la	Oficina de Turismo	Fremdenverkehrsamt
el	ayuntamiento	Rathaus
la	parada	Haltestelle
	por aquí	hier (in der Nähe)
	al lado de	neben
	Correos *ohne Artikel*	Postamt
	delante de	vor
	detrás de	hinter
	a la izquierda (de)	links, auf der linken Seite (von)

	fácil	einfach, leicht

	primero *Adv.*	zuerst
	cruzar a/c	etw. überqueren, kreuzen
	seguir* *e→i*	weitermachen, weitergehen
	todo recto	immer geradeaus
	después	später, danach
	girar	abbiegen
	luego	später, dann
la	comisaría	Polizeirevier, Kommissariat
	finalmente	schließlich, endlich
el	Ministerio de Asuntos Exteriores	Außenministerium

En la ciudad

S. 99

10
	el	verano	Sommer
	el	viaje organizado	Pauschalreise
		quince días	vierzehn Tage, zwei Wochen
		colonial	Kolonial-
		organizar	organisieren

12
		mañana	morgen
	la	Navidad	Weihnachten
		dentro de	in, innerhalb, binnen
		el año que viene	nächstes Jahr

S. 100

		empezar* e → ie	anfangen, beginnen
	el	paseo	Spaziergang, Rundgang
	el	corazón	Herz
	el	punto de encuentro	Treffpunkt
		estrecho/-a	eng
	la	vida	Leben
	el	churro	frittiertes Spritzgebäck
		tener lugar	stattfinden
	el	cuadro	Bild, Gemälde
		terminar	beenden
	las	patatas bravas	frittierte Kartoffeln mit scharfer Mayonnaise/Tomatensauce
	el	bocadillo	belegtes Brötchen
	la	especialidad	Spezialität

14
| | el | gato | Katze |
| | la | churrería | Bäckerei oder Verkaufsstand für Churros |

15
		elegir* e → i	wählen, aussuchen
	el	plan	Plan
	la	visita	Besuch
		en fin	nun gut
		mundialmente	weltweit
		ir al baño	auf die Toilette gehen
		renunciar	verzichten

Unidad 8

S. 101

E3	el	destino	Ziel
E4	la	librería	Buchhandlung
E5	el	final	Ende
	el	estanco	Tabakladen

S. 102

E9	estupendo/-a	wunderbar

S. 103

E12B	las	gafas (de sol)	(Sonnen-)Brille
	el	servicio de transporte	Verkehrsmittel

UNIDAD 8: En la ciudad

▶ Transportmittel

¿Cómo va usted al trabajo?	Wie kommen Sie zur Arbeit?
Voy en coche.	Ich fahre mit dem Auto.
No tengo coche. Siempre voy en metro al trabajo.	Ich habe kein Auto. Ich fahre immer mit der U-Bahn zur Arbeit.
Normalmente voy en bicicleta.	Normalerweise fahre ich mit dem Fahrrad.
Es barato y ecológico. A veces voy a pie.	Das ist billig und gut für die Umwelt. Manchmal gehe ich zu Fuß.
Puede comprar un billete sencillo o un bono de diez viajes.	Sie können einen Einzelfahrschein kaufen oder eine Mehrfahrtenkarte mit 10 Fahrten.
¿Cuánto cuesta el billete de diez viajes?	Wie viel kostet der Fahrschein mit 10 Fahrten?
Nueve euros con treinta céntimos.	Neun Euro und 30 Cent.

En la ciudad

▶ Orientierung

Perdón, ¿dónde está la Oficina de Turismo?	Entschuldigung, wo ist die Touristeninformation?
Está a la derecha del Ayuntamiento.	Sie ist auf der rechten Seite vom Rathaus.
Oiga, por favor, ¿para ir al Museo Nacional?	Hören Sie bitte, wie komme ich zum Nationalmuseum?
Primero tiene que cruzar esta plaza y seguir todo recto por la calle Arenal.	Zuerst müssen Sie diesen Platz überqueren und dann geradeaus die Calle Arenal entlanggehen.

i INFO

Madrid, Madrid

Das Herz von Madrid schlägt an der *Puerta del Sol* – nicht umsonst versammeln sich jedes Jahr Tausende von Menschen an diesem zentralen Platz, wenn es am 31. Dezember Mitternacht schlägt. Werfen Sie einen Blick auf das historische Postgebäude (heute Regierungssitz des Bundeslandes Madrid) und betrachten Sie den Uhrenturm aus dem 19. Jahrhundert, der die Spanier wissen lässt, wann ein neues Jahr beginnt.

Eine Hauptader der Stadt ist die *Gran Vía* – eine Prachtstraße, die 2010 ihren 100. Geburtstag feierte. Bei einem Spaziergang entdecken Sie z. B. das 1917 erbaute *Edificio Telefónica*, damals Europas erster Wolkenkratzer, sowie den *Torre de Madrid* aus den fünfziger Jahren. Er galt als Fortschrittssymbol der Franco-Ära und war sieben Jahre lang Europas höchstes Betongebäude. Die *Gran Vía* verzaubert aber vor allem durch ihre Atmosphäre, z. B. in der Dämmerung, wenn die Bauwerke hell erleuchtet sind und der Feierabendtrubel einsetzt.

Der *Paseo del Prado* beherbergt neben dem weltberühmten *Museo del Prado* mit Gemälden von Velázquez und Goya, Rubens, Tizian und Tintoretto auch das *Centro de Arte Reina Sofía* sowie das *Museo Thyssen-Bornemisza*. Ersteres steht ganz im Zeichen der Moderne, insbesondere vertreten durch Picasso, Dalí und Miró. Betrachten Sie hier unbedingt Picassos großflächiges Meisterwerk *Guernica*. Hinter der freundlichen roten Fassade der Sammlung *Thyssen-*

En la ciudad

Bornemisza bestaunt man neben alten Meistern auch einige Impressionisten und moderne Künstler.

Am Sonntag um die Mittagszeit zieht es viele *madrileños* zum *tapeo* in eines der schönsten historischen Viertel im Zentrum der Hauptstadt, nach *La Latina*. Hier können Sie Leute aus dem *barrio* sowie spanische Berühmtheiten beim Flanieren beobachten. Auch ein Abstecher ins benachbarte Multi-Kulti-Viertel *Lavapiés* lohnt sich. Sonntags findet hier der weltberühmte Flohmarkt *Rastro* statt, bei dem Sie bestimmt fündig werden – auch wenn Sie eigentlich nur schauen wollten.

¡Qué estrés, las compras! UNIDAD 9

S. 105

	la compra	Einkauf, Kauf
	la verdulería	Gemüseladen
	la frutería	Obstladen
	la charcutería	Wurstwarenstand
	la carnicería	Metzgerei
	la pescadería	Fischgeschäft
1	el pescado	Fisch
	el marisco	Meeresfrucht
	la carne	Fleisch
	la fruta	Obst, Frucht
	el pan	Brot
	el queso	Käse
2	el alimento	Lebensmittel
	el camino	Weg
3	la opinión	Meinung
	gustar	gefallen, gerne tun
	el descanso	Pause

S. 106

	la estación	Jahreszeit
4A	los embutidos	Wurst(waren)
	el plátano	Banane
	la manzana	Apfel
	el pollo	Huhn, Hähnchen
	la barra de pan	Stange Brot
	la naranja	Orange
	el pepino	Gurke
	la patata	Kartoffel
	el arroz	Reis
	la zanahoria	Karotte
	la cereza	Kirsche
	el melocotón	Pfirsich
	la lechuga	Kopfsalat
	el atún	Thunfisch
	el aceite de oliva	Olivenöl

¡Qué estrés, las compras!

	el	ajo	Knoblauch
	el	pimiento	Paprika(schote)
5A		encantar a alg.	jdm. sehr gefallen
	la	fresa	Erdbeere
6	el	kilo	Kilo
		¡qué barbaridad!	unglaublich!, unerhört!
		reaccionar	reagieren

107

7	el	paquete	Packung, Paket
	el	litro	Liter
	la	lata	Dose
	la	botella	Flasche
		eso	das, dieses
	la	galleta	Keks
8	la	expresión	Ausdruck
9	el	producto	Produkt
	la	cantidad	Menge
	la	bolsa	Tüte, Beutel
	la	caja	Kiste, Karton, Schachtel
	el	gramo	Gramm
	el	cigarrillo	Zigarette
	la	arroba	Gewichtsmaß
11		gran *vorangestellt*	groß(artig), bedeutend

108

		¡que aproveche!	guten Appetit!
12	la	carta	Speisekarte
		sin gas	ohne Kohlensäure
		de primero	als ersten Gang
		de segundo	als zweiten Gang
	el	lomo	Lende
		a la plancha	vom Grill
	el	filete (de ternera)	(Rinder-)Steak
	las	patatas fritas	Pommes Frites
		faltar	fehlen
	la	sal	Salz

¡Qué estrés, las compras!

	delicioso/-a	vorzüglich, ausgezeichnet
el	flan	Pudding
el	helado	Eis
la	cuenta	Rechnung
la	entrada	Vorspeise
el	primer/segundo plato	erster/zweiter Gang
	¡buen provecho! *lat.am.*	guten Appetit!

13
| | pedir* e→i | bestellen |

S. 109

14
la	guarnición	Beilage
	tampoco	auch nicht
el	menú del día	Tagesmenü
la	merluza	Seehecht
	al horno	im Ofen
el	gazpacho andaluz	andalusischer Gazpacho (kalte Tomatensuppe)
el	bacalao	Kabeljau
la	trucha	Forelle
la	chuleta de cerdo	Schweinekotelett
el	pollo asado	Brathähnchen
el	puré de patata	Kartoffelpüree
	casero/-a	hausgemacht
la	tarta	Torte
el	limón	Zitrone

15
	en voz alta	laut
el	dulce	Süßigkeit
	recomendar* a/c e→ie	etw. empfehlen

S. 110

el	intercambio	Austausch
	hoy en día	heutzutage
	parecer* -zc-	scheinen, erscheinen
	imposible	unmöglich
las	palomitas	Popcorn
el	descubrimiento	Entdeckung
	cambiar	(ver)ändern

Unidad 9

¡Qué estrés, las compras!

el	condimento	Gewürz
el	chile	Chili
la	coca	Kokastrauch
el	caucho	Kautschuk
	por otra parte	andererseits
	llevar a/c	etw. bringen, tragen
la	planta	Pflanze
la	caña de azúcar	Zuckerrohr
	extenderse* *e → ie*	sich verbreiten
el	clima	Klima
	en realidad	in Wirklichkeit
la	vaca	Kuh
la	oveja	Schaf
el	caballo	Pferd
	proceder de	stammen von

la	sidra	Apfelwein

	probar* *o → ue*	probieren
	picante	scharf
la	pimienta	Pfeffer

i INFO

La cocina española

Die spanische Küche ist heute in Deutschland nichts Unbekanntes mehr. Viele Städte bieten eine Auswahl diverser Tapas-Bars sowie einiger traditioneller Restaurants. In kulinarischer Hinsicht ist Spanien sehr durch seine Regionen geprägt: In Galicien erwarten Sie andere Gerichte als auf den Balearen oder in Andalusien. Sehr beliebt sind hierzulande die *paella* (Reisgericht mit Gemüse, Fleisch und/oder Meeresfrüchten), *calamares fritos* (frittierte Tintenfischringe), *tortilla de patatas* (Kartoffelomelett) und der andalusische *gazpacho* (eine kalte Sommersuppe aus Tomaten, Gurken, Zwiebeln und Knoblauch).

Bei einem Besuch in Spanien sollten Sie sich insbesondere auf die Spezialitäten der Region einlassen und den touristischen Mainstream eher meiden. Wenn Sie

¡Qué estrés, las compras!

spanische Lokale in Ihrer Heimatstadt besuchen, probieren Sie doch einmal Alternativen zu Ihnen bereits bekannten Gerichten: Wie wäre es z. B. mit dem *salmorejo*, einer dickflüssigeren, herzhaften Alternative zum *gazpacho?* Er wird ohne Gurken zubereitet, man fügt ihm aber meist noch ein hartgekochtes Ei und Serrano-Schinken hinzu. Oder mit dem *pulpo a la gallega?* Gekochte Tintenfischstücke mit Paprika, auf einem Kartoffelbett serviert. Bessere Restaurants warten eventuell mit einigen besonderen Spezialitäten verschiedener Landstriche auf: *Sancocho canario* (Kanarische Inseln): Ein Eintopf aus Kartoffeln, grünen Bananen, Gemüse sowie Fisch oder Fleisch. oder dem *cocido madrileño* (Madrid), einem Gericht, bei dem zuerst die Brühe und anschließend darin gekochte Kichererbsen, Gemüse und Fleisch serviert werden. Genießen Sie auch *milhojas de solomillo de cerdo con manzanas a la sidra* (Asturien): Dünnes Schweinefilet mit in Cidre getränkten Apfelscheiben. Und vergessen Sie nicht die vielen heimischen Wurst-, Schinken- und Käsesorten. *¡Que aproveche!*

115

1A
	venir*	kommen
el	azúcar	Zucker
el	toro	Stier
la	acequia	Bewässerungskanal
el/la	alcalde/-esa	Bürgermeister/in

1B
la	mayoría	Mehrheit
la	influencia	Einfluss
el	vasco	Baskisch
la	pizarra	Tafel
la	guerra	Krieg
el	albergue	Herberge
la	frambuesa	Himbeere

1C
	curioso/-a	merkwürdig, interessant

2
	tanto	so viel, so sehr
	rural	ländlich

3A
	bello/-a	schön, hübsch
	según	nach, laut
el	amor	Liebe
la	paz	Frieden
el	azahar	Orangenblüte
la	esperanza	Hoffnung
la	amistad	Freundschaft
la	libélula	Libelle
el/la	internauta	Internetnutzer/in
el	murciélago	Fledermaus

116

la	invitación	Einladung

4A
	depender de	abhängen von

4B
	cumplir ... años	... Jahre alt werden
	en casa de	bei
	¿a qué hora?	um wie viel Uhr?
	quizás	vielleicht
	envuelto/-a	eingewickelt
el	papel de regalo	Geschenkpapier

Opción 3

	el	ramo de flores	Blumenstrauß
	la	puerta	Tür
		misterioso/-a	geheimnisvoll
		tocar el timbre	klingeln
	la	voz	Stimme
		adelante	hier: kommt rein
	el	piso	Wohnung
		mientras	während
	la	escalera	Treppe
		sacar	hier: entfernen
	el	envoltorio	Verpackung
4c		envolver* o → ue	einwickeln

S. 117

5A	el	suelo	Boden
	la	pared	Wand
	la	señal de tráfico	Verkehrszeichen
		aparecer* -zc-	erscheinen
		ningún	kein/e
	la	planta	Stockwerk
		quitarse	ausziehen
	el	zapato	Schuh
		regalar	schenken
		brindar	anstoßen, sein Glas erheben

S. 118

6	la	tarea	Aufgabe

S. 119

		cansado/-a	müde
		volver* o → ue	zurückkehren
		salir*	hier: fahren, losfahren

S. 120

7A	el	lenguado	Seezunge

Un día muy duro

UNIDAD 10

121

1A

	levantarse	aufstehen
	cansado/-a	müde
	hacer jogging	joggen
	largo/-a	lang
	estar en forma	fit sein
	hace sol	die Sonne scheint
las	noticias	Nachrichten
	en punto *bei Uhrzeiten*	Punkt
el	AVE	span. Hochgeschwindigkeitszug
el	retraso	Verspätung
	¿qué hora es?	wie viel Uhr ist es?
la	reunión	Besprechung, Versammlung
el	proyecto	Projekt
	magnífico/-a	hervorragend, großartig
	encontrar* *o → ue*	finden, hier: antreffen
la	diferencia	Unterschied
	acabar de + *Infinitiv*	soeben gemacht haben

1B ducharse — sich duschen

122

	hay que	man muss
	darse prisa	sich beeilen
3	menos *bei Uhrzeiten*	vor
el	cuarto *bei Uhrzeiten*	Viertel
4 la	respuesta	Antwort
	desde ... hasta ...	von ... bis ...
5A	acostarse* *o → ue*	schlafen gehen
el	rato	Weile
	durante	während
	despertar* a alg. *e → ie*	jdn. aufwecken
	encontrarse* *o → ue*	sich treffen
	peor	schlechter, schlimmer
	quedarse con alg.	bei jdm. bleiben
los/las	gemelos/-as	Zwillingsbrüder/-schwestern

Un día muy duro

	contar* o → ue	erzählen, zählen
	arreglarse	sich zurechtmachen, sich schön machen
la	pareja	Paar, Partner/in
	quizás	vielleicht
	real	real, wirklich

S. 123

7
	quedarse en	an (einem Ort) bleiben
	quedar	sich verabreden, sich treffen
	lavarse (las manos)	sich (die Hände) waschen
la	mano	Hand
	cambiarse de ropa	sich umziehen

8A
el	éxito	Erfolg
la	redacción	Redaktion
	temprano	früh
la	tostada	Toast
el	informe	Bericht
la	publicidad	Werbung
	contestar	antworten
el	correo	Post
la	gimnasia	Gymnastik, Turnen

el/la	redactor/a	Redakteur/in

10
	rico/-a	reich

S. 124

11
	tener ganas de	Lust haben auf
	fatal	miserabel, furchtbar
	pasarse	verbringen
el	espejo	Spiegel
	ponerse*	anziehen
el	zapato	Schuh
	enamorarse	sich verlieben
	separarse	sich trennen
el	castillo	Burg, Schloss
	¿qué tal si …?	wie wäre es, wenn …?
	hace mucho que	seit langem

Un día muy duro

	alegrarse	sich freuen

p. 125

16
	cada cual	jede/r/s
el	ritmo	Rhythmus
el	ruiseñor	Nachtigall
la	alondra	Lerche
el	despertador	Wecker
lo	principal	das Wichtigste
	sacar al perro	den Hund Gassi führen
el	pijama	Schlafanzug
	pronto	bald, früh
la	tranquilidad	Ruhe
	concentrarse	sich konzentrieren
	dormir* o → ue/u	schlafen
la	solución	Lösung
	permitir	erlauben

17 la responsabilidad — Verantwortung
18 el consejo — Rat, Ratschlag

p. 126

el	horario	Arbeits-, Öffnungszeiten
	europeo/-a	europäisch

19 la siesta — Mittagsschlaf
20 en la actualidad — heutzutage

el	calor	Hitze
la	jornada partida	Arbeitstag mit langer Mittagspause
	exigir	fordern, verlangen
	por lo menos	wenigstens
el	sillón	Sessel
	especial	besondere/r/s
	relajarse	sich entspannen
	actualmente	derzeit
	sin embargo	jedoch
	centroeuropeo/-a	mitteleuropäisch
la	jornada intensiva	durchgehender Arbeitstag

Un día muy duro

		por otro lado	andererseits
		antes	früher, vorher
	la	ventaja	Vorteil
22	la	desventaja	Nachteil
		sano/-a	gesund

S. 127

E2	la	palabra	Wort
E4	el	pie	Fuß

S. 128

E6	la	irregularidad	Unregelmäßigkeit
E7B	el	diario	Tagebuch
		despertarse* *e → ie*	aufwachen
		arreglar	aufräumen

S. 129

E8		acabar	aufhören, zu Ende sein
E10	la	cabeza	Kopf
E11	el	tono	Ton
	la	conversación	Gespräch, Unterhaltung
	la	relación	Verhältnis, Beziehung

UNIDAD 10: Un día muy duro

▶ **Über Tagesabläufe sprechen**

¿A qué hora te levantas?	Um wie viel Uhr stehst du auf?
A las seis y veinte de la mañana.	Um 20 nach 6 am Morgen.
¿Cuándo termina la clase de inglés?	Wann ist die Englischstunde zu Ende?
¡Hay que darse prisa!	Wir müssen uns beeilen!
¡Todavía estás en la cama!	Du bist immer noch im Bett!
Vale, vale, ya me levanto.	OK, OK, ich stehe schon auf.
¿Cómo son tus horarios?	Was für Arbeitszeiten hast du?

Un día muy duro

▶ **Freizeit**

¡Vamos, Leonor! ¿No tienes ganas de salir y relajarte?	Also, los, Leonor! Hast du keine Lust rauszugehen und ein bisschen zu entspannen?
¿Por qué no hacemos una excursión en bicicleta?	Warum machen wir keinen Ausflug mit dem Fahrrad?
Bueno, vale.	Also gut.
¡Estupendo! Yo preparo una tortilla.	Super! Ich mache eine Tortilla.
¿Tienes ganas de ir al cine?	Hast du Lust, ins Kino zu gehen?
Hay que hacer deporte para estar en forma.	Man muss Sport machen, um in Form zu bleiben.

ℹ INFO

La semana laboral en España

Viele Spanier/innen haben einen langen Arbeitstag: Er beginnt zwischen 8 und 9 Uhr und endet erst gegen 20:00 oder 21:00 Uhr. Die meisten beginnen ihn mit einem Frühstück im Café, das oft direkt an der Bar eingenommen wird. Die Cafés sind auf den morgendlichen Ansturm gut vorbereitet und haben bereits eine Reihe blitzender Kaffeegläser mit Untertassen und Teelöffeln aufgereiht, die nur noch mit *café con leche*, *cortado* oder *café solo* gefüllt werden. Da die Zeit bis zum Mittagessen lang ist, gibt es meist eine zweite Frühstückspause, gegen 11:30 Uhr.

Auch wenn man in Spanien vielerorts von 9–5 arbeitet, ist die *jornada partida*, ein Arbeitstag mit einer Mittagspause von 2–3 Stunden (von 14:00–16:00 oder 17:00 Uhr) keine Seltenheit. Man kommt auf diese Weise erst spät nach Hause, kann aber mittags richtig abschalten oder Besorgungen machen, da große Geschäfte meist durchgängig geöffnet sind. Familien können mit ihren Kindern, die zur gleichen Zeit aus der Schule kommen, gemeinsam zu Mittag essen. Grundschulkinder müssen übrigens erst um 9 Uhr in die Schule.

Eine Besonderheit ist der den hohen Temperaturen im Sommer angepasste *horario de verano* im Juli und August: Dabei fängt man eine Stunde früher als sonst an, arbeitet aber nur bis 3 Uhr nachmittags und holt verlorene Arbeitszeit ab September wieder nach.

Un día muy duro

Beamte, staatlich Angestellte sowie Mitarbeiter/innen von Banken beginnen ihren Arbeitstag um 8 Uhr und beenden ihn gegen 15:00 Uhr. Eine durchschnittliche Arbeitswoche umfasst in Spanien 40 Stunden; es gibt ähnlich viele Urlaubs- und Feiertage wie in Deutschland.

Tiempo libre

UNIDAD 11

131

	el concierto	Konzert
	la carrera de coches	Autorennen
	la película de terror	Horrorfilm
	el partido de fútbol	Fußballspiel
	la comedia	Komödie
1A	el espectáculo	hier: Veranstaltung
	puro/-a	rein, echt
	presentar	zeigen
	la sesión	Vorstellung
	¡no se la pierda!	verpassen Sie sie nicht!
	perderse* a/c e → ie	etw. versäumen, verpassen
	esperado/-a	erwartet
	el equipo	Mannschaft
2	la ciencia ficción	Science-Fiction
	romántico/-a	romantisch
	folclórico/-a	folkloristisch, Folklore-
	el baloncesto	Basketball
	esquiar	Ski fahren

132

3A	¿diga? *am Telefon*	Hallo?
	alto	hier: laut
	maldito/-a	verdammt
	tocar	hier: spielen
	¡qué pena!	wie schade!
	¿bueno? *am Telefon*	Hallo?
	ocupado/-a *Person*	beschäftigt
3B	poner*	stellen, legen, anschalten
	proponer*	vorschlagen
	venir*	kommen
	chévere *lat.am.*	ok
4	rechazar	ablehnen

133

6	el/la tío/-a	Onkel/Tante

Tiempo libre

		el/la abuelo/-a	Großvater/-mutter
		jugar a las cartas	Karten spielen
7		y así sucesivamente	und so weiter
8	la	llamada	Anruf
		marcar	wählen
	la	exposición	Ausstellung
		¿Aló? *lat.am., am Telefon*	Hallo?
9	la	excusa	Ausrede, Entschuldigung
		loco/-a	verrückt

S. 134

		genial	genial, toll, super
10A	el	comentario	Kommentar, Bemerkung
		correr	laufen
		montar en bicicleta	Rad fahren
		bucear	tauchen
		moreno/-a	braun
		emocionante	aufregend, spannend
	el/la	jubilado/-a	Rentner/in
		por cierto	übrigens
		conseguir* + *Infinitiv*, e → i	gelingen, es schaffen

S. 135

11		sobre todo	vor allem
		bastante *alleinstehend*	genug
		tranquilamente	ruhig
		adelgazar	abnehmen
		perder* a/c e → ie	etw. verlieren
	el	correo electrónico	E-Mail(-Adresse)
		PD.	P.S.
	el	celular *lat.am.*	Handy
14		alguna vez	einmal
		japonés/-esa	japanisch
		demasiado	zuviel, zu
	el	ordenador	Computer
		varios/-as	mehrere, verschiedene
15		acertar* e → ie	erraten

Unidad 11

Tiempo libre

p. 136

16A
el	tiempo de ocio	Freizeit
el	ocio	Freizeit
la	investigación	Forschung
	sociológico/-a	soziologisch
	dedicar	widmen
(la)	Bélgica	Belgien
	habitual	gewöhnlich, üblich
la	persona mayor	älterer Mensch
la	petanca	Art Bocciaspiel
	asimismo	ebenfalls, auch
	en general	im Großen und Ganzen, im Allgemeinen
el	botellón	Freiluftbesäufnis von Jugendlichen
la	costumbre	Gewohnheit
	alcohólico/-a	alkoholisch
	público/-a	öffentlich
la	concentración de gente	Ansammlung von Leuten
	dejar	lassen, zulassen
	vacío/-a	leer
la	razón	Grund
	prohibido/-a	verboten
el	orden	Ordnung, Reihenfolge
el	videojuego	Videospiel
	menos	weniger
la	jardinería	Gartenarbeit
el	bricolaje	Heimwerken

16B
	fuera de	außerhalb von
	dentro	drinnen

p. 137

E3
	asociar (con)	in Verbindung bringen (mit)
el	piano	Klavier

Unidad 11

S. 139

E10A	el fotograma	Einzelbild
E10B	la entrada	Eintrittskarte

UNIDAD 11: Tiempo libre

▶ Sich verabreden

¿Quedamos esta noche?	Treffen wir uns heute Abend?
¿Vamos al concierto esta noche?	Gehen wir heute Abend zum Konzert?
No puedo, es que mañana tengo que levantarme pronto.	Ich kann nicht. Ich muss morgen nämlich früh aufstehen.
Lo siento, imposible.	Es tut mir Leid, das geht nicht.
Bueno, vale. ¿A qué hora quedamos?	Gut, in Ordnung. Um wie viel Uhr treffen wir uns?

▶ Über den Urlaub sprechen

¿Qué tal las vacaciones de Semana Santa?	Wie waren die Osterferien?
Yo he estado en Lanzarote.	Ich war auf Lanzarote.
¡Ha sido fantástico!	Es war fantastisch!
¿Habéis estado allí alguna vez?	Seid ihr schon einmal dort gewesen?
Es impresionante.	Es ist beeindruckend.

i INFO

La Semana Santa
Viele Spanier/innen nutzen die Karwoche für einen Kurztrip ins In- oder Ausland. Währenddessen spielt sich in vielen Städten des Landes ein Schauspiel der besonderen Art ab. Die Anwohner fliehen, gleichzeitig ist es ein Hauptanziehungspunkt für unzählige Besucher: Die beeindruckenden Prozessionen der *Semana Santa* dominieren das öffentliche Leben an den Tagen zwischen Palm- und Ostersonntag und legen mitunter den städtischen Verkehr lahm.

Tiempo libre

Hochburg der *procesiones* ist Sevilla, das in dieser Woche Jahr für Jahr komplett ausgebucht ist.

Zum Gedenken an die Passion und Auferstehung Jesu Christi gibt es jeden Tag mehrere Umzüge, die in den verschiedenen Stadtvierteln von sogenannten *hermandades* (Bruderschaften) organisiert werden. Charakteristisch ist dabei die Teilnahme der *nazarenos*, Fußgruppen in Büßergewändern mit spitzen Hüten, die auch das Gesicht des Büßers verdecken. Den Höhepunkt stellt das Vorbeiziehen eines Christus- und eines Marienaltars dar. Dabei handelt es sich um schwere Gestelle, die mit Kerzenständern und einer Christus- bzw. Marienfigur geschmückt sind. Diese prächtigen Aufbauten werden von sich darunter befindlichen Trägern *(costaleros)* getragen, die für die Zuschauer unsichtbar sind.

Obwohl die Semana Santa den Gläubigen zur Buße dienen soll, lässt sich ihr der Charakter eines Volksfestes nicht absprechen. Oft wird ihr Verlauf von einem Wermutstropfen getrübt: In der spanischen Karwoche regnet es häufig, egal, auf welches Datum sie fällt. Die Prozessionen können dann nicht losziehen, da die wertvollen Statuen auf den Altären unweigerlich Schaden nehmen würden.

Viviendas

UNIDAD 12

S. 141

	la vivienda	Wohnung
	sentirse* *e → ie/i*	sich fühlen
1	pensar* en *e → ie*	denken an, nachdenken über
	renovar* *o → ue*	erneuern
	el mueble	Möbel(stück)
	la sala (de estar)	Wohnzimmer
	el/la diseñador/a	Designer/in
	¿cuál?	welche/r/s?
	la silla	Stuhl
	amarillo/-a	gelb
	gris	grau
2	importar	wichtig sein
	el diseño	Design
	el material	Material
	práctico/-a	praktisch
	claro/-a	hell

S. 142

3A	el/la diseñador/a gráfico/-a	Grafikdesigner/in
	estar en el paro	arbeitslos sein
	desde hace + *Zeitraum*	seit
	dejar	verlassen, aufgeben
	amueblado/-a	möbliert
	piso de alquiler	Mietwohnung
	desde + *Zeitpunkt*	seit
	la agencia de publicidad	Werbeagentur
	desde	von … aus
	la vivienda en alquiler	Mietwohnung
	la vivienda en propiedad	Eigentumswohnung
	el piso compartido	Wohngemeinschaft
	el salón	Wohnzimmer
	el departamento *lat.am.*	Wohnung
3B	seguro que	sicherlich, bestimmt
3C	firmar	unterschreiben
	cuando	als

68 | Unidad 12

Viviendas

	luminoso/-a	hell
	ir a ver a alg.	jdn. besuchen
el	espacio	Raum, Platz
el	saco de dormir	Schlafsack
el	dormitorio	Schlafzimmer
	oscuro/-a	dunkel
el	metro cuadrado	Quadratmeter
el	salón-comedor	Wohn-/Esszimmer
	amplio/-a	geräumig
el	aseo	Toilette, WC
	sonar* o→ue	klingen
	maravilloso/-a	wunderbar
el	despacho	Büro, Arbeitszimmer
	alegre	fröhlich
	bajar	sinken

144

6
- el pasillo — Flur, Gang

7A
- la nevera — Kühlschrank
- la cocina — Herd
- la lámpara — Lampe
- el escritorio — Schreibtisch
- la lavadora — Waschmaschine
- la mesilla de noche — Nachttisch
- el televisor — Fernseher
- el armario — Schrank
- la estantería — Regal
- la alfombra — Teppich

8
- las afueras — Vorort, Außenbezirk
- el casco antiguo — Altstadt

145

11
- pintar — streichen

12A
- el/la menor — der/die Jüngere, Kleinere

146

- dime *Imperativ v. decir* — sag mir

Unidad 12

Viviendas

	tener a/c en común	etw. gemeinsam haben
el/la	músico/-a	Musiker/in
el/la	poeta	Dichter/in
el	faro	Leuchtturm
el	marino	Seemann
	orientar a alg.	jdm. helfen, sich zurechtzufinden
	guiar* -i-	führen
el/la	farero/-a	Leuchtturmwärter/in
	coincidir en a/c	in etw. übereinstimmen
la	soledad	Einsamkeit
la	experiencia	Erfahrung
	inolvidable	unvergesslich
	construirse	gebaut werden
el	criterio	Kriterium
la	huerta	Gemüsegarten
la	alimentación	Ernährung
	vegetariano/-a	vegetarisch
	desarrollar	entwickeln
	común	gemeinsam
	saludable	gesund
	no violento/-a	gewaltfrei
el	conflicto	Konflikt
	original	originell
la	caravana	Wohnwagen
	conocerse	(miteinander) bekannt sein
	repartido/-a en	verteilt auf
la	planta	Stockwerk
el/la	propietario/-a	Eigentümer/in
	enseñar	hier: zeigen
14	fresco/-a	frisch, kühl
el	viento	Wind

S. 147

E1	la	puerta	Tür
	la	vista	Aussicht, Blick
	el	servicio	Toilette
E2	el	anuncio	Anzeige, Werbung

Unidad 12

	la decisión	Entscheidung
	responsable	verantwortlich, verantwortungsbewusst
E3	el objeto	Gegenstand, Sache
E4A	junto a	neben
	al fondo	hinten

UNIDAD 12: Viviendas

▶ Über Möbel sprechen

¡Qué bonita es esta silla amarilla!	Wie schön ist dieser gelbe Stuhl!
A mí me gusta más la otra, la silla gris.	Mir gefällt der andere besser, der graue Stuhl.
Me encantan los muebles de diseño moderno.	Mir gefallen Möbel in modernem Design.

▶ Eine Wohnung beschreiben

Estoy buscando piso.	Ich suche gerade eine Wohnung.
¿Cómo es tu nuevo piso?	Wie ist deine neue Wohnung?
Es un piso muy moderno.	Es ist eine sehr moderne Wohnung.
La cocina es antigua.	Die Küche ist alt.
El barrio es ruidoso.	Das Viertel ist laut.
¡Qué nervios, con el nuevo piso!	Was für ein Stress, mit der neuen Wohnung!
Me imagino.	Das kann ich mir vorstellen.
Es muy bonito y luminoso.	Sie ist sehr schön und hell.
Mi piso tiene patio, pero no tiene jardín.	Meine Wohnung hat einen Innenhof, aber keinen Garten.

Viviendas

> **INFO**
>
> **¿Comprar o alquilar?**
> Typisch für viele spanische Paare ist, dass sie zusammenleben möchten und gemeinsam auf Wohnungssuche gehen. Lebt man zur Miete, dann meist möbliert. Sucht man eine Wohnung auf lange Sicht, in der man sich auch als Familie sieht, möchte man diese Wohnung in den meisten Fällen kaufen.
> Noch bis vor wenigen Jahren war der Kauf einer Eigentumswohnung oder eines Hauses für viele Spanier/innen eine Standardanschaffung, ein unmittelbarer Beweis dafür, im Erwachsenenleben angekommen zu sein. Wohneigentum war eine Investition für die Zukunft, jahrelang Miete zahlen dagegen Geldverschwendung. Gleichzeitig stiegen die Immobilienpreise, obwohl immer mehr Wohnraum in den Außenbezirken vieler Städte gebaut wurde. Hohe Wohnungspreise und wachsende Arbeitslosigkeit ab den Jahren 2007 und 2008 ließen viele Menschen vom Kauf einer Immobilie absehen. In diesen Jahren sank die Zahl der Immobilienkäufe um ca. 40% – eine Tendenz, die sich in den folgenden Jahren fortsetzen sollte.
> Das kulturell geprägte Bedürfnis, Wohneigentum zu erwerben, gepaart mit wirtschaftlicher Unsicherheit, hat dazu geführt, dass viele Spanier auch als Erwachsene noch lange bei ihren Eltern leben: Mit 30 wohnt ca. die Hälfte aller Spanier noch zu Hause, bei den 18–24-Jährigen ziehen nur 10% aus. Frauen werden früher selbstständig als Männer: In der Altersgruppe der 18–34-Jährigen leben immerhin 47% aller Frauen nicht mehr im Elternhaus, bei den Männern sind es nur 37%.

Opción 4

S. 151

1A
la	obra	Werk

1B
	descubrió Inf. descubrir	er/sie/es entdeckte, Sie entdeckten
	preferido/-a	bevorzugt, Lieblings-
	ofrecer* -zc-	anbieten
la	seguridad	Sicherheit
	artificial	künstlich
	paleolítico/-a	altsteinzeitlich
	dar un paseo	einen Spaziergang machen
	desaparecer* -zc-	verschwinden
	de repente	plötzlich
el	bisonte	Bison
la	altura	Höhe
el	ojo	Auge
la	escena	Szene
la	piedra	Stein
	pintado/-a	gemalt
	rupestre	Höhlen-, Felsen-
la	humanidad	Menschheit

1C
el	grabado	Abbildung, Bild

S. 152

2
	tutear	duzen
	hacer prácticas	ein Praktikum machen
el	traje	Anzug
la	corbata	Krawatte
	tratar de usted	siezen
	evitar	vermeiden
la	cuestión	Frage
la	distancia	Entfernung, Abstand
el/la	interlocutor/a	Gesprächspartner/in
	alejarse	sich entfernen
	acercarse	sich nähern, näherkommen
	tocar	berühren
el	brazo	Arm
el	intento	Versuch

	ligar	anmachen
	cordial	herzlich
el	acoso sexual	sexuelle Belästigung
	ganar	gewinnen
	interrumpir	unterbrechen
la	descortesía	Unhöflichkeit
la	espontaneidad	Spontaneität
la	señal	Zeichen

S. 153

3A
la	viñeta	Bildergeschichte
	informal	zwanglos
el/la	conocido/-a	Bekannte/r

3B
	observe Imperativ v. observar	beobachten Sie
el	gesto	Geste
el	comportamiento	Verhalten
el	lenguaje no verbal	nonverbale Sprache
el	contacto corporal	Körperkontakt

3C
	comunicarse	sich verständigen
el	cuerpo	Körper
	expresar	ausdrücken
	mostrar* o → ue	zeigen
	enfadado/-a	ärgerlich
	preocupado/-a	besorgt
	triste	traurig
	por ciento	Prozent
	transmitir	übermitteln
	estrictamente	strikt
	separado/-a	getrennt
la	palmada	Schlag (mit der flachen Hand)
el	afecto	Zuneigung
el	sentimiento	Gefühl
	entusiasmarse	sich begeistern
	levantar la voz	die Stimme erheben
	a la vez	gleichzeitig
la	tormenta	Unwetter, Gewitter
	pasar	vorübergehen

Opción 4

S. 154

	arrojar el dado	würfeln
	¡que se divierta!	viel Spaß!
la	cadena de montañas	Bergkette
	deletrear	buchstabieren

S. 155

el	escrito	Schreiben, Schriftstück
	diseñar	entwerfen, zeichnen
la	alegría	Freude, Fröhlichkeit
la	llegada	Ankunft
la	traducción	Übersetzung
	quemar	brennen, verbrennen
	incómodo	unbequem
	proyectar	entwerfen
el	desarrollo	Entwicklung
el	hecho	Tatsache
	emocionarse	gerührt sein
	aburrirse	sich langweilen
	solucionar	lösen
	alimentar	nähren

De viaje — UNIDAD 13

S. 157

1
el	mole *lat.am.*	Eintopf mit Fleisch
el	chile relleno *lat.am.*	gefüllte Paprika
la	fajita *lat.am.*	mit Hackfleisch gefüllte Maistortilla
los	nachos *lat.am.*	überbackene Maistortillas

2
el	sonido	Geräusch

3
la	ruta	Route
el	mapa	Landkarte
la	cantina *lat.am.*	Kneipe
	precioso/-a	herrlich, wunderschön

S. 158

4A
la	impresión	Eindruck
	hace + *Zeitangabe*	vor
	llevar a alg. (a)	jdn. (an einen Ort) bringen
la	barca	Kahn
el	canal	Kanal
	volar* *o→ue*	fliegen
	increíble	unglaublich
la	ola	Welle
	colorido/-a	farbenprächtig
el	recuerdo	Andenken
el	tamal *lat.am.*	Maispastete
el	chapulín *lat.am.*	Heuschrecke
la	maravilla	Wunder

4B
	ayer	gestern
	anteayer	vorgestern

S. 159

6
	anoche	gestern Abend, letzte Nacht
	recorrer	einen Rundgang machen durch
	hermoso/-a	schön
	apuntarse a	mitmachen bei
el	cañón	Schlucht, Cañon
	en medio de	inmitten

De viaje

	el	paisaje	Landschaft
		acabarse	zu Ende gehen
	el	álbum (de fotos)	(Foto-)Album
7		ir de viaje	verreisen
		durar	dauern
8		tirar un dado	würfeln
		continuar* -ú-	fortsetzen
9	la	Nochevieja	Silvester
	el	extranjero	Ausland

160

11A	el	itinerario	Route
		salir*	hier: fahren, losfahren
	el	boleto *lat.am.*	Fahrkarte
	la	clase ejecutiva	Business Class
11C	el	horario	Fahrplan

161

2A		peligroso/-a	gefährlich
	el	miedo	Angst
	el	Distrito Federal	Hauptstadtdistrikt (hier: Stadt- gebiet von Mexiko-Stadt)
		esconderse	sich verstecken
	la	aventura	Abenteuer
	la	carretera	Landstraße
	la	curva	Kurve
	la	sierra	Gebirgskette
		llover* o → ue	regnen
		parar	anhalten
	la	niebla	Nebel
	la	lluvia	Regen

162

	programar	planen
	consultar a/c	in etw. nachschlagen
la	guía	Reiseführer
	planear	planen

Unidad 13

De viaje

	decidir	entscheiden
	sobre la marcha	ad hoc, vor Ort
	intentar	versuchen
	interesar	interessieren
	depende *als Antwort*	das kommt darauf an
	depender de	abhängen von
	exótico/-a	exotisch
el	equipaje	Gepäck
el	botiquín	Hausapotheke, Verbandskasten
la	ropa	Kleidung
la	ocasión	Gelegenheit
	cuando	wenn
la	paciencia	Geduld
el	desastre	Katastrophe
	volver* *o → ue*	zurückkehren
el	grupo organizado	Reisegruppe
	fuerte	stark
la	vuelta	Rückkehr
	curioso/-a	merkwürdig, interessant
13 el	resultado	Ergebnis

S. 163

E1
el	recuadro	Kasten
	al menos	wenigstens

E2
los	preparativos	Vorbereitungen
el	transporte	hier: Verkehrsmittel
la	temporada	Saison

E3A
	pasado/-a	vergangene/r/s
la	hacienda	Landgut, Farm
la	cochinita pibil *lat.am.*	geschmortes Spanferkel

S. 164

E4A
el	acento gráfico	Akzent
el	sombrero	Hut
el	pasaporte	Reisepass

De viaje

E5
	conquistar	erobern
	precolombino/-a	präkolumbianisch
el	proceso	Prozess
la	independización	Unabhängigwerden

E6A
| u *vor o oder ho* | oder |
| alojarse (en) | unterkommen (in) |

E7
hacer trasbordo — umsteigen

E9B
echar de menos — vermissen

UNIDAD 13: De viaje

▶ **Auf Reisen**

¿Adónde fuiste de viaje? — Wohin bist du gereist?
¿Cuántos días pasaste en Ciudad de México? — Wie viele Tage hast du in Mexiko-Stadt verbracht?
¿A quién conoció? — Wen hat sie kennen gelernt?
Buenos días, ¿a qué hora sale el próximo autobús para Oaxaca, por favor? — Guten Morgen! Um wie viel Uhr fährt der nächste Bus nach Oaxaca, bitte?
¿Y a qué hora llega? — Um wie viel Uhr kommt er an?
¿Quiere sólo un billete de ida o de ida y vuelta? — Möchten Sie nur eine Hinfahrt oder auch eine Rückfahrt?
No, sólo de ida. — Nein, nur eine Hinfahrt.
El viaje en bus fue bastante pesado … ¡y toda una aventura! — Die Fahrt im Bus war ziemlich anstrengend – und ein richtiges Abenteuer!

▶ **Nach Vergangenem fragen**

¿Cuándo viajaste al extranjero por última vez? — Wann bist du das letzte Mal ins Ausland gereist?
¿Qué fue lo que más te gustó? — Was hat dir am meisten gefallen?
¿Qué fue lo que menos te gustó? — Was hat dir am wenigsten gefallen?

De viaje

INFO

México

Wer sich der mexikanischen Hauptstadt mit dem Flugzeug nähert, ist bereits beim Landeanflug von ihren Dimensionen beeindruckt. Beim Besuch von Mexiko-Stadt erlebt man die kulturelle Vielfalt einer 24-Millionen-Metropole, auf 2300 Metern Höhe gelegen, am Fuße des Vulkans *Popocatépetl*, aber geplagt von Smog und hoher Verkehrsbelastung.

Prägend für das gesamte Land und seine Hauptstadt ist das vorkoloniale Erbe der Mayas und Azteken. Als die Spanier 1519 die prachtvolle Aztekenhauptstadt *Tenochtitlán* sahen, waren sie beeindruckt von ihrer Schönheit. Im Eroberungskampf wurde sie jedoch fast vollständig zerstört – auf den Ruinen der aztekischen Heiligtümer sollte später die Kathedrale der heutigen mexikanischen Hauptstadt entstehen.

Unweit von Mexiko-Stadt entdecken Sie die wichtigste Ausgrabungsstätte des Landes: Die präkolumbianische Stadt *Teotihuacán* mit ihren weltberühmten Sonnen- und Mondpyramiden, die von den Besuchern auch erklommen werden können. Jenseits der Großstadt, im südlichsten Staat des Landes, *Chiapas*, gelangen Sie nach *Palenque*, eine der bedeutendsten Städte aus der Blütezeit der Mayas. *Chiapas* gehört gleichzeitig zu den ärmsten Bundesstaaten Mexikos. Mitte der neunziger Jahre machte die Region durch die Entstehung der Befreiungsbewegung *Ejército Zapatista de Liberación Nacional* weltweit auf sich aufmerksam. Genau wie der Nachbarstaat *Oaxaca* wartet *Chiapas* mit einer enormen landschaftlichen Vielfalt auf. In *Oaxaca* sind außerdem allein 16 verschiedene ethnische Gruppen zu Hause.

Wer touristischen Trubel mag, wird sich an den Stränden von *Puerto Vallarta*, *Acapulco* und *Cancún* auf der Halbinsel *Yucatán* wohl fühlen. Kunstfreunde widmen sich in Mexiko-Stadt den beeindruckenden Gemälden von Frida Kahlo, Diego Rivera und David Alfaro Siqueiros. Probieren Sie die vielfältige, ebenfalls von den Azteken geprägte mexikanische Küche, lauschen Sie Mariachi-Klängen und gönnen Sie sich ab und zu eine *Margarita*: Mexiko wird Sie nicht kalt lassen!

Familias y parejas

UNIDAD 14

167

el/la cuñado/-a	Schwager/Schwägerin
mayor	größer, älter
el/la suegro/-a	Schwiegervater/-mutter
el/la sobrino/-a	Neffe/Nichte
acerca de	über
caerse*	herunterfallen
el estado civil	Familienstand
soltero/-a	ledig
divorciado/-a	geschieden
viudo/-a	verwitwet
mirarse	sich ansehen
jubilarse	in Rente gehen
divorciarse	sich scheiden lassen
difícil	schwierig
criticar	kritisieren
casarse	heiraten
el matrimonio	Ehe, Ehepaar

168

el ojo	Auge
azul	blau
el pelo	Haar(e)
castaño/-a	(kastanien)braun
calvo/-a	kahlköpfig
la barba	Bart
el bigote	Schnurrbart
bajo/-a	klein, niedrig
delgado/-a	dünn, schlank
rubio/-a	blond
la consulta	Praxis
morir* $o \rightarrow ue/u$	sterben
la estatura	Statur
corto/-a	kurz
marrón	braun
rizado/-a	lockig

Familias y parejas

		alrededor de	um (... herum)
		pelirrojo/-a	rothaarig
		negro/-a	schwarz
	el	peso	Gewicht
4B		describir	beschreiben

S. 169

5

	¡anda!	na so was!
	¡exacto!	genau!
	reírse*	lachen
	parecerse* -zc-	sich ähneln
la	cara	Gesicht, Miene
el	plano	Plan
el/la	extranjero/-a	Ausländer/-in
el/la	inglés/-esa	Engländer/-in
el/la	alemán/-ana	Deutsche/r
	¡vaya cara!	was für ein Gesicht!
	tener cara de antipático/-a	unsympathisch aussehen

7		esta tarde	heute Nachmittag
	el/la	primo/-a	Vetter/Kusine
8	el	ajedrez	Schach
9	el	ruso	Russisch
	el	instrumento	Instrument
	la	flauta	Flöte
	el	violín	Geige
	el	juego	Spiel
		freír*	braten
		conducir*	lenken, führen, hier: Auto fahren

S. 170

		dormirse* o→ue/u	verschlafen
10A	el	padrino de boda	Trauzeuge
		deprisa	schnell
	el	anillo	Ring
		romper	brechen, zerbrechen
10B	la	viñeta	Bildergeschichte

82 | Unidad 14

Familias y parejas

13A

	el/la novio/-a	hier: Bräutigam/Braut
	nacer* -zc-	geboren werden
	¡no me digas!	sag bloß!
	el/la fresco/-a	Frechdachs, unverschämte Person
	conmigo	mit mir
	malo/-a	hier: böse
el	cotilleo	Klatsch, Tratsch
el	lugar de residencia	Wohnort

13B

	utilizarse	verwendet werden
	contigo	mit dir
la	relación a distancia	Fernbeziehung
	crecer* -zc-	hier: aufwachsen

la	sociedad	Gesellschaft
la	década	Jahrzehnt
	además de	außer
	formar	bilden
la	familia monoparental	Familie mit einem Elternteil
	viceversa	umgekehrt
	juntarse	zusammenkommen, sich zusammentun
la	familia reconstituida	Patchwork-Familie
la	pareja de hecho	unverheiratetes Paar, ehe-ähnliche Gemeinschaft
	adoptar	adoptieren
	a pesar de	trotz
el	cambio	Veränderung
la	familia numerosa	kinderreiche Familie
la	natalidad	Geburtenrate
la	relevancia	Bedeutung, Relevanz
la	solidaridad	Solidarität
la	tasa de natalidad	Geburtenrate

Unidad 14 | 83

Familias y parejas

	mayoritario/-a	mehrheitlich
	aunque	obwohl
la	ley	Gesetz

S. 173

E1			
		urgentemente	dringend
		contento/-a	zufrieden
	la	medicina	Medizin
E3	el/la familiar		Familienangehörige/r

S. 174

E6	la	llave	Schlüssel
E7	la	indicación temporal	Zeitangabe

S. 175

E11A	el	segundo	Sekunde
E11B	el	parentesco	Verwandtschaft

UNIDAD 14: Familias y parejas

▶ **Etwas beschreiben**

¿Cuántos sois en tu familia?	Wie viele seid ihr in eurer Familie?
¿Estás casado?	Bist du verheiratet?
¿Cómo es Mario?	Wie sieht Mario aus?
Mario es rubio y tiene el pelo rizado.	Mario ist blond und hat lockige Haare.
¿Enrique? Ese chico no es serio.	Enrique? Dieser Junge meint es nicht ernst.
¿Y está soltero?	Und ist er ledig?
Sí, sí, un fresco.	Ja ja, ein ganz Dreister.

▶ **Etwas tun können**

¿Qué idiomas sabes?	Welche Sprachen kannst du?
Ninguno.	Keines.

Familias y parejas

*Mi marido no sabe bailar.
¿Qué instrumentos sabes
tocar?*

Mein Mann kann nicht tanzen.
Welche Instrumente kannst du
spielen?

i INFO

La familia en España

Verschiedene Texte und *perspectivas culturales* in Unidad 14 verrraten es bereits: Die Familie sowie die Beziehungen zu einzelnen Familienmitgliedern spielen in Spanien eine größere Rolle als in Deutschland. In einer Umfrage von 2010 gibt die Mehrheit aller Befragten an, dass die Familie für sie das Wichtigste im Leben ist, vor den Faktoren Gesundheit und Arbeit. Ca. 68 % fühlen sich in Gesellschaft ihrer Angehörigen fast immer wohl und nur wenige empfinden ihre Familie als anstrengend und erdrückend.

Oft leben Eltern, erwachsene Kinder und Enkelkinder am gleichen Ort, was häufige Treffen ermöglicht. Rüstige Großeltern kümmern sich gerne um ihre kleinen Enkel, während die erwachsenen Kinder arbeiten. In vielen Fällen werden pflegebedürftige Familienmitglieder nicht in einem Heim, sondern zu Hause betreut. Entsprechend gering ist die Zahl der Alleinlebenden: In Spanien werden nur 10 % aller Haushalte von einer Person bewohnt, in Deutschland ist es fast das Doppelte.

Weniger Unterschiede existieren zwischen beiden Ländern bei der Geburtenrate: In Deutschland liegt sie bei 1, 36 Kindern pro Frau, in Spanien ein wenig höher – und dies nur aufgrund der stark gestiegenen Immigrationsrate. Beide Länder verzeichnen hohe Scheidungsraten: Während der Prozentsatz in Deutschland über einen längeren Zeitraum gleich geblieben ist, beobachtet man in Spanien seit einigen Jahren eine stark steigende Tendenz.

(Quellen: CIS, Barómetro septiembre 2010 & Statistisches Bundesamt Deutschland)

¡Te queda perfecto! UNIDAD 15

S. 177

	quedar	passen, stehen
el	traje	Anzug
	elegante	elegant
	exagerado/-a	übertrieben
	¿qué tal ...?	wie ...?
el	jersey *Pl. jerséis od. jerseys*	Pullover
los	vaqueros	Jeans
	hacer frío	kalt sein
	como para	um
la	lana	Wolle
la	camiseta	T-Shirt
	naranja	orange
los	pantalones	Hose
1	opinar	meinen
	gracioso/-a	lustig, witzig
2	vestido/-a	gekleidet
la	marca	Handelsmarke

S. 178

3A	el	desfile de moda	Modenschau
	la	prenda	Kleidungsstück
	el	vestido	Kleid
3B	el/la	moderador/a	Moderator/in
	la	colección	Kollektion
		variado/-a	abwechslungsreich
	el	gusto	Geschmack
	la	muestra	Muster, Probe, Beispiel
		combinar con	kombinieren mit
	la	chaqueta	Jacke
		sencillo/-a	einfach, schlicht
		celeste	hellblau
	el	lino	Leinen
	la	sandalia	Sandale
	el	traje de chaqueta y falda	Kostüm
	la	falda	Rock

¡Te queda perfecto!

	la	blusa	Bluse
		rojo/-a	rot
		fino/-a	fein
	la	primavera	Frühling
	el	otoño	Herbst
	el	invierno	Winter
	el	abrigo	Mantel
	la	bufanda	Schal
	el	gorro	Mütze
		crema	cremefarben
4	la	espalda	Rücken

5

	la	nieve	Schnee
	la	tormenta	Unwetter, Gewitter
	la	nube	Wolke
		hacer calor	heiß sein
		hacer viento	windig sein
		nublado/-a	wolkig
		nevar* *e → ie*	schneien
	el	grado	Grad
		bajo	unter
	la	bota	Stiefel

6

	pasar a a/c	zu etw. übergehen
el	cielo	Himmel
	seguramente	sicherlich
el	punto	Punkt
	máximo/-a	höchste/r/s, Höchst-
	mínimo/-a	kleinste/r/s, hier: Tiefst-
	desafortunadamente	leider
	suave	mild

8

	tengo calor	mir ist warm (od. heiß)
	tengo frío	mir ist kalt

9

	añadir	hinzufügen
el	bañador	Badeanzug, Badehose
el	paraguas *Pl. paraguas*	Regenschirm
la	mochila	Rucksack

¡Te queda perfecto!

| | el | bolso | Handtasche |
| | la | ropa de abrigo | warme Kleidung |

S. 180

11
	el	algodón	Baumwolle
	la	talla	Größe
		mediano/-a	mittlere/r/s, mittelgroß

S. 181

14 | la | corbata | Krawatte
17 | el | cuero | Leder
	la	piel	Leder
	el	tejido sintético	Synthetikgewebe
	la	seda	Seide

S. 182

	la	industria textil	Textilindustrie
		sonar* $o \rightarrow ue$	bekannt vorkommen
	el/la	empresario/-a	Unternehmer/in
		fundar	gründen
		propio/-a	eigene/r/s
	la	duda	Zweifel
		inaugurarse	eröffnet werden
	(el)	Portugal	Portugal
		estar presente	vertreten sein
	la	cadena	(Laden-)Kette
		especializado/-a	spezialisiert
		extravagante	extravagant
	el	complemento	Accessoire
	el	mantel	Tischdecke
	la	cortina	Vorhang
	la	vajilla	Geschirr
18 | | cierto/-a | richtig, wahr |

S. 183

E2 | | triste | traurig
E3 | | ir bien con a/c | gut zu etw. passen

¡Te queda perfecto!

184			
E6		ayudar	helfen

185			
E9	la	temporada de lluvias	Regenzeit
E10	el	congreso	Kongress
E11	la	pieza	Stück, Teil
E12		¿qué le parece …?	was halten Sie von …?

UNIDAD 15: ¡Te queda perfecto!

▶ Kleidung und Mode

Sabes, no tengo nada que ponerme.	Weißt du, ich habe nichts anzuziehen.
¿Qué tal me queda el jersey con los vaqueros?	Wie steht mir der Pullover mit den Jeans?
No está mal, pero no hace tanto frío.	Nicht schlecht, aber so kalt ist es ja nicht.
Este traje es muy elegante, ¿no te parece?	Der Anzug ist sehr elegant, was meinst du?
Y usted, ¿qué opina?	Und was denken Sie?

▶ Über das Wetter sprechen

¿Qué tiempo hace?	Wie ist das Wetter?
Hace calor.	Es ist heiß.
Llueve.	Es regnet.
Hace viento.	Es ist windig.
Hace sol.	Es ist sonnig.
Tengo frío / calor.	Mir ist kalt / warm.

▶ Kleidung einkaufen

¿Cuál es su talla?	Welche Größe haben Sie?

Unidad 15

¡Te queda perfecto!

¿Tiene zapatos marrones en el 40?	Haben Sie braune Schuhe in Größe 40?
Busco una falda de algodón.	Ich suche einen Rock aus Baumwolle.
Sí, ¿cómo la quiere, larga o corta?	Ja, wie möchten Sie ihn, lang oder kurz?

i INFO

Ropa, estilo, marcas ...

Wen es öfter in mediterrane Gefilde zieht, dem wird der elegante Kleidungsstil vieler Leute im Straßenbild auffallen: Beim abendlichen Flanieren im Stadtzentrum sieht der erstaunte Besucher auch schon einmal Outfits, die man in die Deutschland problemlos zu einer Hochzeit tragen könnte. Entsprechend hoch liegt die Latte bei großen Feierlichkeiten wie Hochzeiten, Taufen und Kommunionfeiern, die in katholisch geprägten Ländern nach wie vor von großer kultureller (und nicht so sehr religiöser) Bedeutung sind. Viele Geschäfte bieten ausschließlich festliche Kleidung an und können sich über mangelnden Umsatz nicht beklagen.

Ein Blick auf die Statistiken bestätigt diese Beobachtung: Selbst im Krisenjahr 2009 – in dem die Spanier im Schnitt 8,3 % weniger für Kleidung ausgaben als noch im Vorjahr – lagen die Pro-Kopf-Ausgaben bei 54 Euro im Monat. Im Vergleich dazu gaben die Deutschen in einer von Optimismus geprägten wirtschaftlichen Stimmung 2008 nur knappe 40 Euro pro Person im Monat für Bekleidung aus.

Um dem auch in Spanien um sich greifenden Schlankheitswahn junger Frauen entgegenzuwirken, rief die spanische Regierung vor ein paar Jahren eine Initiative ins Leben, der ein Abkommen mit der Textilindustrie folgte: Bis zum Jahr 2014 sollen alle Kleidergrößen so vereinheitlicht werden, dass eine Größe 40 bei allen Marken gleich groß ausfällt. Bereits ab 2012 sollen extrem dünne Schaufensterpuppen durch solche mit Kleidergröße 38 ersetzt werden und sich damit den Proportionen "normaler" Frauen annähern.

Perspectivas ¡Ya! A1
Sprachführer

Bearbeitung: Sabine Arcas
Informationen zur Landeskunde: Maria Larscheid
Redaktion: Lena Posingies, Roxana Carmona-Viveros
Umschlaggestaltung: Klein & Halm, Grafikdesign, Berlin
Layout und technische Umsetzung: eScriptum GmbH & Co KG, Berlin

www.cornelsen.de

1. Auflage, 1. Druck 2012

Alle Drucke dieser Auflage sind inhaltlich unverändert und
können im Unterricht nebeneinander verwendet werden.

© 2012 Cornelsen Verlag, Berlin

Das Werk und seine Teile sind urheberrechtlich geschützt.
Jede Nutzung in anderen als den gesetzlich zugelassenen Fällen
bedarf der vorherigen schriftlichen Einwilligung des Verlages.
Hinweis zu den §§ 46, 52a UrhG: Weder das Werk noch seine Teile dürfen
ohne eine solche Einwilligung eingescannt und in ein Netzwerk eingestellt
der sonst öffentlich zugänglich gemacht werden.
Dies gilt auch für Intranets von Schulen und sonstigen Bildungseinrichtungen.

Druck: H. Heenemann, Berlin

ISBN 978-3-464-20488-7

Inhalt gedruckt auf säurefreiem Papier aus nachhaltiger Forstwirtschaft.